R. 3371
AI.

24647

ESSAI
SUR
L'HISTOIRE
DE LA
SOCIÉTÉ CIVILE.

TOME PREMIER.

ESSAI
SUR
L'HISTOIRE
DE LA
SOCIÉTÉ CIVILE;

Par M. ADAM FERGUSON,
Professeur de Philosophie Morale
à l'Université d'Edimbourg.

OUVRAGE TRADUIT DE L'ANGLOIS,

PAR M. BERGIER.

TOME PREMIER.

A PARIS,

Chez la Veuve DESAINT, Libraire,
rue du Foin Saint-Jacques.

M. DCC. LXXXIII.
Avec Approbation & Privilege du Roi.

Avertissement du Libraire.

Il y a près de cinq ans que cette Traduction de l'*Essai sur l'Histoire de la Société Civile* est imprimée; des circonstances dont il est inutile que le Public soit instruit, en ont retardé jusqu'à ce moment la publication.

AVANT-PROPOS
DU TRADUCTEUR.

LES Monumens historiques de toutes les Nations, & les découvertes faites dans toutes les parties du globe, s'accordent à nous montrer, en tout tems, en tous lieux, l'homme vivant en société. Sa conformation, ses facultés physiques & intellectuelles, ses besoins, ses penchans, tout en lui se rapporte manifestement à cet état. C'est son élément: & tous les degrés successifs de sociabilité sont également le résultat nécessaire de sa nature.

Le succès de l'Ecrivain célebre (*), qui, de nos jours, s'est montré le plus violent détracteur de l'état de société, prouve seulement combien est foible encore la raison générale contre les prestiges de l'éloquence. Quel a pu être le but d'une pareille tentative ! On ne peut pas supposer que cet Ecrivain ait eu réellement le projet aussi odieux qu'il seroit insensé, de dégoûter l'espece humaine de la condition pour laquelle elle fut formée. Si donc il s'est proposé simplement de faire briller ses grands talens aux dépens de la vérité, & de procurer un vain triomphe à son amour-propre, ce triomphe seroit bien criminel ; c'est celui d'un enfant dé-

---

(*) J. J. Rousseau.

naturé, qui fait l'essai de ses forces en déchirant le sein même où il les a puisées. Un des grands inconvéniens de paradoxes de cette espéce soutenus avec autant de subtilité & de séduction que de mauvaise foi, est de fausser l'esprit du plus grand nombre des Lecteurs, & de fomenter un pyrrhonisme funeste aux progrès de la raison & de la morale.

Il est bien plus facile de faire la satyre de la condition humaine, que de contribuer à la rendre meilleure. Il est plus facile, sur la nature de l'homme, de construire de brillantes hypotheses, que de rassembler les vrais matériaux qui doivent composer son histoire. L'Ouvrage dont nous publions la traduction, mérite d'être distingué de ces productions prétendues philosophiques, dans lesquelles l'imagination substitue ses rêves à la place de la vérité.

L'histoire de l'homme, ses facultés, ses penchans, leurs développemens successifs, les institutions civiles & politiques qui en résultent, l'influence de ces institutions sur la condition générale de l'espéce & sur le sort des individus ; enfin, les progrès de la société, depuis la cabane du sauvage jusqu'au palais du despote, depuis l'état le plus inculte de la nature humaine jusqu'aux derniers rafinemens de la civilisation ; voilà la carriere que M. Ferguson s'est proposé de fournir.

L'homme, cet être susceptible d'une variété infinie de modifications, c'est dans l'homme même qu'il faut le chercher, & dans les *du Traducteur.*

différentes circonstances qui le modifient. Les nations sauvages, depuis celles qui ont été trouvées dans l'état le plus simple jusqu'à celles qui approchent le plus près de notre police (*); & les peuples civilisés, dans leurs différens périodes de sociabilité & de perfectionnement, voilà le fonds d'où il a tiré ses observations. Toujours en garde contre l'esprit de système, il ne bâtit que sur des faits; & la critique la plus sévere, & le plus sûr discernement, ont présidé au choix de ceux qu'il admet pour base de ses raisonnemens. C'est ainsi que l'Histoire, qui, sans cela, seroit tout au plus

―――――――――――――――――

(*) On avertit le Lecteur qu'ici & dans le cours de cet Ouvrage, le mot *police* est employé dans son acception la plus générale.

digne d'amuser la curiosité, devient, entre les mains du Philosophe, la véritable école de l'homme; & sous ce point de vue, elle possede le singulier privilége de rendre les erreurs passées même aussi utiles pour nous que les monumens de la sagesse.

« Quand je pense au livre du » Président de Montesquieu, dit M. Ferguson, » je ne sais com- » ment me justifier d'oser, après » lui, traiter des affaires humaines. » Ainsi que lui, je suis aiguillonné » par mes idées, & entraîné par les » mouvemens de mon cœur; peut- » être même suis-je plus propre » à mettre ces vérités à la portée » des esprits ordinaires, parce que » je suis moi-même plus au ni- » veau du commun des hommes ». M. Ferguson n'a point à craindre d'être accusé de témérité : on peut lui répondre que M. de Montesquieu lui-même le verroit avec plaisir marcher à ses côtés dans la carriere, qu'il applaudiroit à ses succès, & ne dédaigneroit pas de réfléchir sur lui les rayons de sa gloire. *L'Essai sur l'Histoire de la Société Civile* sera regardé comme une excellente introduction à *l'Esprit des Loix*, & comme un excellent commentaire sur quelques parties de ce Livre immortel. On peut encore ajouter qu'il n'y a pas de lecture plus utile pour quiconque voudroit entreprendre l'étude de l'Histoire. Il y puisera toutes les instructions préparatoires propres à le guider, & à lui rendre cette étude vraiment profitable.

Parmi le grand nombre de vérités dont ce Livre est rempli; celles que l'Auteur s'attache à inculquer avec une affection particuliere, c'est que le bonheur de l'homme consiste dans l'exercice de ses facultés, comme membre d'une Société, & dans la vue d'une utilité publique; c'est que la force des Etats dépend principalement du caractere national, & de l'esprit public, presqu'anéantis chez les nations modernes par l'égoïsme & par l'esprit mercantile. Cet esprit public, ce feu sacré, vrai principe des grandes choses & des grandes vertus, M. Ferguson en paroît pénétré lui-même, & son Ouvrage est propre à le communiquer à ses Lecteurs. Il respire par-tout une morale douce & bienfaisante, parée d'un style élégant, animé, plein d'images, qui répand une sorte de charme jusque sur les Chapitres les plus arides par la matiere. Des vûes souvent neuves, presque toujours ingénieuses & fines, réveillent à chaque instant l'attention, & exercent agréablement l'esprit par de vastes apperçus.

Il seroit à desirer quelquefois, que M. Ferguson se fût moins renfermé dans les idées générales & abstraites, qu'il se fût répandu davantage dans les applications particulieres, & qu'il n'eût pas dédaigné d'indiquer les faits qui ont donné lieu à certains principes, à certaines observations. Par-là, il eût épargné de la contention d'esprit à ses Lecteurs, & évité lui-même le reproche d'obscurité que quelques-uns seront tentés de lui faire. Un Auteur, en écrivant, devroit toujours se mettre à la place de ceux qui le liront, & songer que ce qui lui est devenu familier à force de méditation, ne leur présente pas le même aspect.

M. Ferguson a dû s'attendre à trouver des contradicteurs au sujet d'une certaine prédilection qu'il laisse appercevoir en faveur des siecles qu'on appelle Barbares. La grande activité qui les distingue, l'énergie des caracteres & la force des affections qui s'acquittent souvent avec des tributs de sang, & par le sacrifice de la vie, l'ont séduit au point de lui faire oublier pour quelques instans, que le désordre public & particulier, les violences, l'existence précaire & l'atrocité des crimes, entrent aussi dans la description de ces âges. Certainement, son intention n'est pas d'imputer à blâme aux âges policés de ce que l'ordre public établi par de sages mesures, en prévenant la licence & les grands excès, rend moins fréquens & moins nécessaires les grands dévouemens & l'exercice des vertus difficiles. Peut-être est-il vrai, en général, que les vertus publiques sont en proportion des besoins & des occasions qui en exigent l'usage; peut-être est-il vrai que les hommes sont plus ou moins prodigues de leur vie, selon que leur vie est plus ou moins heureuse. Dans cette supposition, la bravoure est d'un bien plus grand mérite chez les peuples civilisés que chez les peuples sauvages ou barbares. On pourroit dire aussi que chez cer-

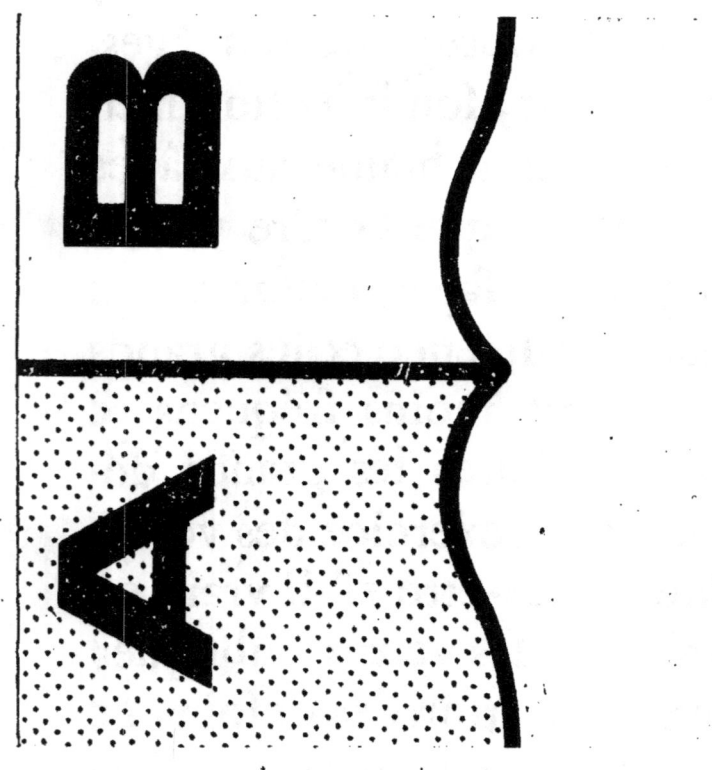

taines Nations qui ont parcouru le cercle de la civilisation, on trouveroit encore, même dans les tems de leur décadence, plus de véritable héroïsme, plus de traits émanés d'une vertu sublime que dans ces âges de barbarie.

Après avoir suivi les nations dans les degrés successifs de corruption qui les conduisent à l'esclavage politique, effrayé lui-même du tableau trop vrai qu'il vient de tracer de la déplorable condition de l'espece humaine à cette époque, M. Ferguson voit avec inquiétude une tendance au despotisme qu'il croit apperçevoir dans quelques grandes Monarchies modernes. Il craint le renouvellement de ces révolutions, trop fréquentes dans l'Histoire, qui, des débris de plusieurs

Nations, forment ces puissances colossales, toujours fatales à la liberté & au bonheur des hommes. Nous ne nous proposons pas de combattre en forme ces frayeurs. Nous nous bornerons à quelques réflexions & à quelques faits propres à les calmer.

L'état général des choses humaines, par la progression naturelle, est si prodigieusement changé, tant au physique qu'au moral, qu'on ne sauroit être trop en garde contre les inductions tirées des anciens tems. Rarement elles sont applicables au présent, vu la différence totale des circonstances.

Depuis que les arts nécessaires à la vie, répandus par-tout, ont par-tout multiplié les moyens de subsistance, les peuples même les moins favorisés du côté des avantages physiques, sont plus attachés à leur sol natal. Occupés à améliorer leur situation par le travail & l'industrie, la faim ne les force plus à porter leurs ravages dans les contrées plus fortunées ; & le Midi n'a plus à craindre des fers apportés du Nord.

Ce système d'équilibre, qui a coûté tant de sang, & qui n'est pourtant pas une chimere, armera toujours l'intérêt général contre l'ambition particuliere. Il sera à jamais un préservatif contre ces accroissemens énormes, qui mettroient une Puissance en état d'en courber plusieurs sous un même joug. Ce système, plus d'une fois ébranlé, pourroit l'être encore plus d'une fois, par des combinaisons nouvelles. Mais ces ébranlemens ne font que momentanés, & l'équilibre fera toujours rétabli par les conséquences infaillibles de ces mêmes combinaisons.

On a déja observé les effets d'une influence réciproque des Nations les unes fur les autres, & un commencement d'affimilation, produits par la fréquentation mutuelle, par les rapports de commerce & de politique, par la communication des lumieres, par l'ufage des mêmes arts, par les progrès de la raifon générale. Il eft probable que ces caufes continueront à agir, & que les effets en deviendront de plus en plus fenfibles. Mais il n'eft pas aifé de concevoir comment leurs conféquences ultérieures pourroient aboutir à l'efclavage politique.

Les Souverains & les Gouvernemens instruits par les erreurs des siecles passés, paroissent convaincus que les guerres les plus prosperes sont toujours plus ruineuses que profitables, & que les conquêtes les plus importantes sont celles qui restent à faire dans l'intérieur de leurs Etats. Nous avons vu, de nos jours, un grand Monarque, en donnant la paix à l'Europe, régler ses prétentions, non sur ses victoires, mais sur la plus rigide équité. Nous verrons bientôt son auguste successeur, content du titre de restaurateur de la liberté des mers, renouveller l'exemple de la même modération.

Dans le Nord, une Souveraine, digne émule des plus grands Rois, s'applique à donner la plus forte impulsion à la perfectibilité de ſes peuples. Ce n'eſt plus, comme autrefois, par des barrieres dangereuſes à franchir qu'elle retient ſes ſujets, mais par la ſageſſe de ſon gouvernement & par ſon ardeur à promouvoir toutes les reſſources de la vie, tous les arts d'Induſtrie. Le ſceptre deſpotique ne paroît dans ſes mains que l'inſtrument d'une bienfaiſance plus active & plus puiſſante. Animée par la noble ambition de régner un jour ſur des citoyens créés par ſon génie, elle croit gagner tout ce qu'elle retranche du pouvoir arbitraire pour le donner à l'empire des Loix. C'eſt pour l'Univers un ſpectacle auſſi nouveau qu'il eſt intéreſſant, qu'un deſpote occupé à préparer par degrés des eſclaves héréditaires à ſupporter la liberté civile.

Dans le même tems, un spectacle non moins extraordinaire, un fait unique dans l'Histoire du genre-humain, fixe sur l'Amérique l'attention des spéculateurs politiques & des philosophes. Plusieurs Etats confédérés formant une grande Nation, encouragés par l'attrait d'une liberté récemment acquise par leur courage & leur constance, procedent, avec l'expérience de tons les siecles, à la confection de leur constitution. En donnant à la puissance publique une base solide, en lui assurant le plus haut dégré d'activité, il s'agit d'assurer à tous les membres le plus haut degré de sécurité dans la jouissance de leurs droits naturels. Aucune gêne, aucunes entraves antérieurement admises, aucun conflit de prétentions ou de prérogatives de la part de Corps anciennement établis, rien ne fait obstacle aux inspirations de la justice & de l'esprit d'égalité. Tout annonce que l'édifice entier sera digne de ses heureux commencemens; & qu'un jour le nouvel hémisphère s'acquittera de ce qu'il doit à l'ancien, en lui envoyant le modele de la sagesse politique.

Il nous reste maintenant à dire un mot de notre travail. Dans un Ouvrage du genre de celui-ci, long-tems médité, dans lequel l'Auteur s'est étudié à la précision des idées & du style, par respect pour le public autant que par égard pour un Ecrivain vivant, nous n'avons pas cru qu'il nous fût permis de prendre avec notre original, certaines libertés qui mettent un Traducteur à son aise, & souvent dénaturent l'Ouvrage qu'il traduit. Nous nous sommes efforcés de faire passer dans notre langue la même précision. Si quelquefois, lorsque l'obscurité de l'expression ou de la construction nous a paru ajouter à l'obscurité de la matiere, nous avons substitué une expression ou un tour plus favorables à la clarté, c'est alors même que nous nous sommes attachés plus particuliérement à rendre l'esprit de notre Auteur. Ces détails multipliés d'un travail minutieux, les plus pénibles pour un Traducteur, sont ceux dont il doit le moins espérer qu'on lui tienne compte. Mais son ambition doit se borner au mérite d'avoir enrichi sa langue d'une production vraiment utile & intéressante.

xxiij

TABLE
DES CHAPITRES
Contenus dans le Tome premier.

PREMIERE PARTIE.
Des traits généraux qui caractérisent la nature humaine.

CHAP. I. De l'état de nature, Page 1

CHAP. II. Des Principes de la conservation de soi-même, 27

CHAP. III. Des Principes d'union parmi les Hommes, 42

CHAP. IV. Des Principes de guerre & de dissention, 52

CHAP. V. Des Facultés intellectuelles, 68

CHAP. VI. Du Sentiment moral, 84

CHAP. VII. Du Bonheur, 108

CHAP. VIII. Continuation du même sujet, 130

CHAP. IX. Du Bonheur national, 157

CHAP. X. Continuation du même sujet, 172

SECONDE PARTIE.

De l'Histoire des Nations Sauvages.

Chap. I. *Des lumieres que l'on peut tirer de l'antiquité sur ce sujet,* 203

Chap. II. *Des Nations grossieres avant l'établissement de la propriété,* 223

Chap. III. *Des Nations grossieres sous l'influence de la propriété & de l'intérêt,* 265

TROISIEME PARTIE.

De l'Histoire de la Police & des Arts.

Chap. I. *De l'influence du climat & de la situation,* 269

Chap. II. *Histoire de la subordination,* 334

ESSAI

ESSAI
SUR
L'HISTOIRE
DE LA
SOCIÉTÉ CIVILE.

PREMIÈRE PARTIE.
Des Traits généraux qui caractérisent la nature humaine.

CHAPITRE PREMIER.
De l'Etat de Nature.

Toutes les productions de la nature se forment par degrés. Les végétaux naissent d'un foible germe, & les animaux passent par l'état de l'enfance. Ces derniers étant destinés à agir, leurs opérations s'étendent à mesure que leurs organes se développent: on apperçoit du progrès dans ce qu'ils exécutent, aussi-bien que dans les facultés qu'ils acquiérent. Ce progrès, à l'égard de l'homme, a bien plus d'extension qu'à l'égard de tous les autres animaux. Non-seulement l'individu passe de l'enfance à l'âge viril, mais l'espèce elle-même s'avance de la barbarie à la civilisation. Delà, cette supposition que le genre humain s'est eloigné de l'état de sa nature; delà, nos conjectures & les différentes opinions sur ce que l'homme a dû être dans les premiers temps de son existence. Le poëte, l'historien, le moraliste font sans cesse allusion à ces anciens temps; & sous les emblêmes de l'âge d'or ou de fer, ils nous représentent une situation, une maniere d'être, à partir de laquelle il faut que l'homme soit, ou grandement déchu, ou perfectionné infiniment. Suivant l'une ou l'autre de ces suppositions, l'état primitif de notre nature ne doit avoir aucune espece de ressemblance avec ce qu'ont été les hommes dans les périodes subséquens ; les monumens historiques, même ceux de la date la plus reculée, ne sont que des nouveautés ; & les établissemens les plus communs de la société doivent être comptés parmi les usurpations que la fraude, l'oppression ou l'esprit d'invention ont faites sur l'empire de la nature ; usurpations qui ont intercepté & altéré la principale partie des biens & des maux qui nous étoient destinés.

Parmi les écrivains qui ont essayé de démêler dans le caractere humain ses qualités originelles, & de tracer la ligne qui sépare la nature de l'art, quelques-uns ont représenté l'homme, dans son état primitif, comme borné à une sensibilité purement animale, sans aucun usage des facultés qui le rendent supérieur aux bêtes, sans union politique, sans aucun moyen de communiquer ses sentimens, & même tout-à-fait privé des idées & des passions que la voix & le geste sont si propres à exprimer. D'autres ont fait de l'état de nature un état de guerre continuelle, allumée par l'intérêt, & les prétentions à l'autorité, où chaque individu avoit sa querelle particuliere, avec l'espece entiere, & où la présence de son semblable étoit pour lui le signal d'un combat.

L'envie d'établir un système pour lequel on s'est prévenu, ou la folle présomption de pénétrer les secrets de la nature, jusques dans la source même de l'existence, ont produit une infinité de vaines recherches sur ce sujet, & donné naissance à mille hypothèses absurdes. Parmi les différentes qualités qui appartiennent à l'humanité, on en prend une ou quelques-unes en particulier, pour en faire le fondement d'une théorie, & on fabrique un roman sur ce que l'homme dût être dans un état de nature imaginaire, sans songer à voir quel il s'est montré dans tous les temps, dans les archives de l'histoire, & à la portée de nos observations.

Sur toute autre matiere, le naturaliste se croit obligé à recueillir des faits, au lieu de donner des conjectures. S'il traite d'une espece particuliere d'animaux, il suppose que son instinct, ses dispositions présentes sont les mêmes que dans l'origine, & que sa maniere de vivre actuelle est une continuité de sa destination primitive. Il convient que tout ce qu'il sait du système matériel de l'univers consiste dans une collection de faits, où, tout au plus, dans des résultats généraux formés par des expériences & des observations particulieres. Ce n'est que dans ce qui le regarde personnellement, & sur l'objet le plus important & le plus facile à connoître, qu'il substitue les hypothèses à la réalité, & qu'il confond ce qui n'est qu'imagination & poésie avec ce qui est science & raison.

Sans entrer plus avant dans les questions, ou physiques ou morales, relatives à la Nature ou à l'origine de nos connoissances; & sans vouloir déprimer le mérite de cette subtilité qui prétend analyser tous nos sentimens, & remonter au principe de toute maniere d'être; on peut avancer hardiment que rien n'est plus digne de notre étude que le caractere de l'homme, tel qu'il est actuellement, & les loix du système animal & intellectuel, d'où dépend aujourd'hui son bonheur; que les raisonnemens généraux relatifs à lui, ou à tout autre sujet, ne sont vraiment utiles, qu'autant qu'ils sont fondés sur des observations certaines, & qu'ils conduisent à la découverte de conséquences importantes, ou qu'ils peuvent servir à nous diriger lorsqu'il s'agit d'appliquer les facultés physiques ou intellectuelles de la nature aux grands objets de la vie humaine.

Lorsque nous voyons les relations de toutes les parties du monde, les plus anciennes auſſi-bien que les plus récentes, s'accorder à nous repréſenter l'eſpéce humaine toujours raſſemblée par troupes, & l'individu toujours lié d'affection à un parti; tandis que quelquefois il eſt oppoſé à un autre; exercé ſans ceſſe par le ſouvenir du paſſé & par la prévoyance de l'avenir; porté à connoître les ſentimens des autres & à leur faire connoître les ſiens; il faut néceſſairement admettre ces faits pour la baſe de tous nos raiſonnemens ſur l'homme. Son égal penchant à aimer où à haïr, ſa raiſon, l'uſage du langage & des ſons articulés, ne doivent pas moins être regardés comme autant d'attributs de ſa nature, que la forme de ſon corps & ſa poſition perpendiculaire: ces traits doivent entrer dans ſa deſcription, comme les ailes dans celle de l'aigle, les griffes dans celle du lion, & comme les différens dégrés de férocité, de vigilance, de timidité ou de viteſſe, méritent de trouver place dans l'hiſtoire naturelle des différentes espéces d'animaux.

Si on demande de quoi seroit capable l'esprit de l'homme, abandonné à lui-même & destitué de toute direction étrangère ? c'est dans l'histoire de l'humanité que nous irons chercher notre réponse. Les expériences particulieres si utiles pour fonder les principes des autres sciences, ne nous apprendroient probablement rien de bien important ou de nouveau sur ce point : l'histoire de tout être agissant doit être tirée de sa conduite dans la situation pour laquelle il fut formé, & non pas des apparences qu'il montre dans un état forcé & extraordinaire ; ainsi un sauvage pris dans les bois où il auroit toujours vécu séparé des êtres de son espéce, est une exception particuliere & non point un exemple général. L'anatomie d'un œil qui n'a jamais reçu l'impression de la lumiere, ou d'une oreille qui n'a jamais senti la vibration des sons, découvriroit vraisemblablement dans la conformation même de ces organes, des défectuosités résultantes de ce qu'ils n'auroient point été employés aux fonctions qui leur sont propres ; de même tout fait particulier, dans le cas présent, ne serviroit qu'à faire voir à quel degré les facultés de l'entendement & du sentiment peuvent exister dans un être en qui elles n'ont pas été exercées ; & quelles seroient les bizarreries & les singularités d'un cœur qui n'auroit jamais éprouvé les émotions qui ont rapport à la société.

Il faut prendre l'espéce humaine par groupes, telle qu'elle a toujours existé. L'histoire de l'individu n'est que le détail de ses pensées & de ses sentimens relativement à son espéce : toutes les expériences en ce genre demandent à être faites sur des sociétés entieres & non sur des hommes pris séparément. Supposons cependant qu'on fît cette épreuve sur une colonie d'enfans transplantés loin du berceau, qu'on laissât former à leur gré une société à part, sans instructions, sans guide ; il y a tout lieu de croire qu'ils ne nous donneroient que la répétition des mêmes choses qui se sont déja passées dans tant de différentes parties de la terre. Nous verrions les membres de cette petite société manger & dormir, aller en troupes & jouer ensemble, se faire un langage à leur mode, se quereller, se diviser, vouloir être les uns pour les autres les objets les plus importans de la scène, & dans la chaleur de leurs amitiés & de leurs rivalités, fermer les yeux sur leur danger personnel & oublier le soin de leur propre conservation. La race humaine n'a-t-elle pas été fondée comme la colonie dont nous parlons ? Qui est-ce qui a dirigé sa marche ? quels renseignemens a-t-elle reçus ? quels exemples a-t-elle eus à suivre ?

La nature ayant donné à tous les animaux leur maniere d'être, leurs inclinations & leur genre de vie : il y a tout lieu de croire qu'elle en a usé de même envers l'espéce humaine ; & le naturaliste qui veut en rassembler toutes les propriétés, est autant à portée aujourd'hui que jamais de completter son receuil. Il y a cependant une propriété particuliere à l'homme qui a presque toujours été omise dans l'exposition de sa nature, ou qui n'a servi qu'à occasionner des méprises. Dans les autres classes d'animaux, l'individu arrive de l'enfance à la maturité; & dans l'espace d'une seule vie, il acquiert toute la perfection que comporte sa nature: à l'égard des hommes, il en est tout autrement : l'espéce a son progrès aussi-bien que l'individu; sur les fondemens que lui a laissés l'âge précédent, elle bâtit pour l'âge subséquent, & successivement elle parvient à un degré de perfection dans l'usage de ses facultés, qui ne peut être que le produit d'une longue expérience & des efforts combinés de plusieurs générations. Nous appercevons le chemin qu'elle a fait; nous comptons une grande partie de ses pas; nous remontons sur ses traces jusques dans un lointain très-reculé : mais il ne nous reste ni monumens, ni tradition pour nous apprendre quelle fut l'ouverture de cette scène remplie de merveilles. De-là il arrive qu'au lieu d'étudier le caractére de notre espéce, où chaque trait est marqué au coin de la vérité, nous allons le chercher dans un ordre de choses, & à travers des temps tout-à-fait inconnus ; &, qu'au lieu de supposer le commencement de notre histoire à peu près semblable à sa totalité, nous nous croyons autorisés à rejetter toutes les circonstances de notre condition & de notre maniére d'être actuelles, comme factices & étrangeres à notre nature. Suivant cette méthode, on nous a peint avec une telle force d'imagination les progrès de l'humanité, depuis cet état prétendu de sensibilité animale jusqu'à la jouissance de la raison, l'usage du langage & l'habitude de la société ; on nous a tracé sa marche avec une telle confiance, une telle hardiesse d'invention, que nous pourrions être tentés d'admettre ces fictions parmi les matériaux de l'histoire, & peut-être, de reconnoître pour type de notre nature, dans son état originel, quelques-uns de ces animaux dont la forme approche le plus de la nôtre (a).

Il seroit ridicule, sans doute, d'avancer, comme une découverte, que vraisemblablement l'espéce du cheval n'a jamais été la même que celle du lion; cependant, pour répondre à certaines assertions échappées à des écrivains du premier rang, nous sommes obligés de faire observer, que l'homme s'est toujours montré au milieu des animaux comme une espéce tout-à-fait distincte & d'un ordre supérieur; que malgré la possession d'organes pareils, malgré quelque conformité de figure, malgré l'usage des mains, (b) malgré une sorte d'association & de commerce avec l'homme, aucune autre espéce n'a jamais pu parvenir à con-

___

(a) Rousseau: Discours sur l'origine de l'inégalité parmi les hommes.
(b) Traité de l'Esprit.

fondre sa nature ou son industrie avec celles de cet artiste souverain; que dans l'état le plus brut, il est encore fort au-dessus des autres animaux; & que dans son extrême dégradation, il n'est jamais ravalé à leur niveau. En un mot, il est l'homme dans quelque situation que ce soit; & nous ne pouvons rien apprendre de sa nature par la voie de l'analogie. Si nous voulons le connoître, c'est lui qu'il faut étudier dans le cours de sa vie, & dans la teneur de sa conduite. En lui nous verrons la société aussi ancienne que l'individu, & l'usage de la parole aussi universel que celui des pieds & des mains. S'il fut un temps où il eut à faire connoissance avec son espèce, où il eut des facultés à acquérir; il ne reste aucun vestige de ce temps, & nos opinions à cet égard ne peuvent aboutir à rien, étant destituées de toute certitude.

Ce qui nous entraîne dans ces régions de conjectures & de ténèbres, c'est souvent une imagination qui se plaît à créer plutôt qu'à recevoir simplement les formes qui lui sont présentées : nous sommes dupes d'une subtilité qui nous promet de suppléer au défaut de nos connoissances, & qui, en remplissant quelques lacunes de l'histoire de la nature, prétend mener nos idées plus près de la source de l'existence. Sur la foi de quelques observations, nous sommes prompts à croire que nous allons découvrir le secret, & que ce qu'on nomme *Sagesse* dans la nature, va bientôt être rangé dans la classe des effets physiques. Nous oublions que les causes physiques, par la continuité de leur action, & leur tendance vers une fin salutaire, forment la preuve la plus certaine d'un plan & d'un dessein, & par conséquent de l'existence de Dieu; & que cette vérité étant une fois admise, nous n'avons plus à chercher le principe de l'existence; nous ne pouvons plus que recueillir les loix que l'Auteur de la Nature a établies ; & toutes nos découvertes les plus récentes comme les plus anciennes, n'aboutissent qu'à nous faire appercevoir un mode de création, ou une providence inconnue auparavant.

Nous parlons de l'art comme d'une chose distinguée de la nature ; mais l'art lui-même est naturel à l'homme. Jusqu'à un certain point, l'homme est l'artisan de sa maniere d'être, aussi-bien que de sa fortune ; depuis les premiers temps de son existence, il est destiné à inventer & à faire des découvertes ; il applique les mêmes talens à mille usages divers, & ne fait, pour ainsi dire, que jouer le même rôle sur des théatres différens. Toujours occupé à perfectionner son objet, il porte par-tout avec lui cette disposition, au milieu des cités peuplées & dans la solitude des forêts. On diroit qu'il est également propre à tous les états, & par cette raison là même, il est incapable de se borner à aucun. Tout-à-la-fois opiniâtre & léger, il se récrie contre les innovations, sans se lasser jamais de nouveauté; empressé sans cesse à réformer, sans cesse il s'attache plus fortement à ses erreurs. S'il habite un antre, cet antre sera bientôt transformé en une chaumiere; s'il est parvenu jusqu'à bâtir, il voudra couvrir de ses bâtimens une plus vaste étendue. Mais il ne se propose jamais des passages frappans & soudains; ses pas sont lents & progressifs; sa force ressemble à l'action d'un ressort qui presse insensiblement tout ce qui lui résiste; l'effet quelquefois est opéré avant que la cause en soit apperçue; &, malgré son penchant à faire des projets, souvent son entreprise est achevée avant qu'il en ait arrêté le plan. Il paroît presqu'également difficile de retarder & d'accélérer sa marche. Si l'homme à projets se plaint de sa lenteur, le moraliste l'accuse d'instabilité; mais soit que ses mouvemens soient prompts ou tardifs, la face des choses humaines change continuellement dans ses mains;

son emblême est, non pas une eau stagnante, mais un courant qui passe. On peut chercher à diriger vers son véritable but sa passion de perfectionner ; on peut desirer plus de stabilité dans sa conduite : mais ce seroit mal connoître la nature humaine, que de vouloir qu'il mît un terme à son travail, & y fît succéder le repos.

Les occupations de l'homme, en quelque position que ce soit, annoncent de la liberté dans le choix, de la diversité dans les opinions, & une multiplicité de besoins qui lui servent d'aiguillon : mais qu'il jouisse ou qu'il souffre, c'est avec une sensibilité ou un phlegme à peu-près les mêmes en toute espece de situation. S'il habite les rivages de la Mer Caspienne ou de l'Atlantique, il suivra un système différent, mais avec la même facilité. Ici il paroît attaché à la glébe, & formé pour un état stable : il bâtit des Villes, & le même nom désigne la Nation & son territoire. Là c'est un animal de passage, toujours prêt à errer sur la surface de la Terre, & à suivre avec ses troupeaux le cours du soleil dans sa révolution annuelle, pour trouver de nouveaux pâturages, & des saisons favorables.

L'homme trouve également son logement dans un antre, dans une chaumière ou dans un Palais, & sa subsistance dans les bois, dans une laiterie, dans une ferme. Il se pare de la distinction des titres, de l'habillement, de l'équipage ; il imagine des systêmes réguliers de gouvernement & un corps compliqué de loix; ou bien, nud dans les forêts, il ne reconnoît de supériorité que celle de la force du corps & de la sagacité de l'esprit ; d'autre regle de conduite, que son choix ; d'autre lien qui l'attache à ses semblables, que l'affection, l'amour de la compagnie ou le soin de sa sûreté. Capable d'un grand nombre d'arts, il est néanmoins indépendant de chacun en particulier pour la conservation de son être. A quelque degré qu'il ait porté son industrie, il semble jouir de toutes les commodités convenables à sa nature, & avoir rencontré l'état auquel il est destiné. L'Américain, sur les bords de l'Orénoque (*a*), trouve une habitation commode sur l'arbre qu'il a choisi pour sa retraite & celle de sa famille. Dans la réalité un sopha, un dôme voûté, une colonade ne rendent pas plus heureux ceux qui y sont nés.

Si donc on nous demande où se trouve l'état de nature, nous répondrons : il est ici ; soit que nous soyons en France, au Cap de Bonne Espérance, ou au Détroit de Magellan. Par-tout où cet être actif est en train d'exercer ses talens, & d'opérer sur les objets qui l'environnent, toutes les situations sont également naturelles. Si on nous objecte qu'au moins le vice est contraire à la nature ; nous

---

(*a*) Lafitau ; Mœurs des Sauvages.

repliquerons qu'il est quelque chose de pis; que c'est un égarement, une perversité. Mais s'il n'est question que d'opposer la nature à l'art, nous demanderons à notre tour dans quelle situation de l'espece humaine l'on n'apperçoit point des traces de l'art? Dans l'état sauvage comme dans l'état civilisé, on voit, à chaque pas, les marques de l'invention des hommes; ni l'un ni l'autre de ces états n'est un point fixe & stable; ils ne sont que des portions de cette carriere immense que cet être voyageur est destiné à parcourir. Si un palais est loin de la nature, une cabane ne l'est pas moins; les plus grands rafinemens, en fait de morale & de politique, ne sont point des effets de l'art plus caractérisés que les premieres opérations du sentiment & de la raison.

Si on admet que l'homme, par sa nature, est susceptible de perfection, qu'il en porte en lui-même le principe & le desir, il doit paroître bien inconséquent de dire qu'aux premiers pas qu'il a faits pour y parvenir, il s'est éloigné de sa nature; ou qu'il a pu arriver à une situation pour laquelle il n'étoit pas fait, tandis que, comme les autres animaux, il ne fait que suivre les inclinations, & employer les moyens que la nature lui a donnés.

Les derniers efforts de l'invention humaine ne sont que la continuation des premiers procédés qui furent suivis dans les premiers âges du monde, & dans l'état le plus grossier de l'humanité. Les projets, les réflexions, les observations du Sauvage dans les forêts, sont les premiers pas qui ont amené les nations plus avancées, de l'architecture d'une cabane à celle d'un palais, & qui ont conduit l'esprit humain, des perceptions des sens aux conclusions générales des sciences.

Dans toutes les situations, les défauts reconnus sont pour l'homme des sujets d'aversion. L'ignorance & l'imbécillité attirent le mépris : au lieu que l'estime & la prééminence sont le partage de la pénétration & de la prudence. Où conduisent de pareilles idées, de pareilles dispositions ? à un progrès, sans doute, qui entraîne le sauvage aussi-bien que le philosophe, & dans lequel, s'ils ne marchent pas d'un pas égal, ils tendent certainement tous deux au même but. La passion de Cicéron pour l'éloquence, pour la gloire littéraire, pour toutes les sortes de mérite social, n'avoit rien de plus que celle d'un Scythe pour les mêmes qualités, dans un degré proportionné à la portée de son esprit : « Si » je voulois me prévaloir de quel- » que chose, dit un Prince Tartare » (a), ce seroit de cette sagesse que » j'ai reçue de Dieu : car si d'un côté, » je ne le céde à personne dans l'art » de la guerre, soit qu'il s'agisse de » ranger une armée d'infanterie ou

_____

(a) Abulgaze Bahadut Chan ; Hist. des Tartares.

» de cavalerie, ou de diriger les mou-
» vemens de grands ou de petits corps;
» d'un autre côté, je posséde le ta-
» lent d'écrire, en quoi je ne suis
» inférieur peut-être qu'à ceux qui
» habitent les grandes villes de la
» Perse ou de l'Inde. Je ne parle pas
» des autres nations qui me sont in-
» connues ».

L'homme peut bien se méprendre sur les objets de ses poursuites, faire un mauvais emploi de ses talens & mal appliquer son penchant à perfectionner. Mais si, en considérant les erreurs de cette espèce dans lesquelles il peut tomber, il cherchoit un flambeau pour éclairer sa marche & le guider vers l'état le plus parfait de sa nature, ce ne seroit peut-être ni dans la conduite d'aucun individu, ni d'aucune nation ; ni même dans le sentiment du plus grand nombre, ni dans l'opinion dominante de son espèce, qu'il pourroit trouver cette lumiére. C'est dans les conceptions les plus parfaites de son entendement & dans les

mouvemens

mouvemens les plus louables de son cœur ; c'est avec ce secours qu'il pourroit parvenir à connoître quel est le degré de perfection & de bonheur dont il est capable. Par cette étude de lui-même, il apprendra que le véritable état de sa nature, pris en ce sens, n'est pas une situation dont l'humanité soit écartée pour jamais, qu'il peut y arriver dès-à-présent; que cet état n'est pas antérieur à l'exercice de ses facultés ; qu'au contraire, c'est le bon emploi de ces facultés qui le procure.

De tous les termes dont nous nous servons en traitant des choses humaines, ceux dont la signification est le moins déterminée, sont les termes de *naturel & non naturel*. Le mot *naturel* comme l'opposé de l'affectation, de l'artifice ou de quelque défaut de caractère ou de constitution, est un terme d'éloge ; mais si par-là on veut entendre un procédé, une conduite qui émane de la nature de l'homme, il ne signifie plus rien : car toutes les actions des hommes sont également le résultat de leur nature. Cette façon de parler peut tout au plus se rapporter au sens ou à l'usage le plus général ; mais lorsqu'il s'agit de discussions importantes sur cette matiere, il est à propos d'employer un langage tout aussi familier & plus précis. Qu'est-ce que le juste ou l'injuste ? Qu'y a-t-il de bien ou de mal dans les mœurs des hommes ? Qu'est-ce qui est contraire ou favorable à leurs qualités aimables, dans toutes les situations possibles ? Ce sont-là des questions dont la solution promet quelque chose de satisfaisant ; quel qu'ait pu être l'état originel de notre espèce, il est bien plus intéressant pour nous de savoir quel est le sort auquel nous pouvons prétendre, que celui que l'on accuse nos ancêtres d'avoir abandonné.

CHAPITRE II.
Des Principes de la Conservation de soi-même.

SI la nature humaine a des qualités qui la distinguent du reste de la création animale, on remarque aussi une différence frappante entre les hommes eux-mêmes suivant les âges & les climats différens. Nous essayerons d'expliquer cette diversité, autant qu'il est possible de le faire, par des causes physiques & morales : c'est une tâche vraiment curieuse & intéressante. Mais il paroît nécessaire de considérer les qualités universelles de notre nature, avant de faire attention à ses variétés & de vouloir rendre raison des différences qui résultent du partage inégal ou du différent usage des dispositions & des facultés qui sont jusqu'à un certain point communes à toute l'espéce.

Il y a dans l'homme, de même que

dans les animaux, certains penchans d'instinct, qui antérieurement à toute perception de plaisir ou de peine, antérieurement à l'expérience de ce qui est utile ou nuisible, le portent à faire plusieurs actes naturels, relatifs à lui & à ses semblables. Il a une portion de dispositions qui ont pour objet sa conservation animale & la propagation de sa race; & d'autres dispositions qui tendent à l'amener à la société, & qui, en lui faisant embrasser le parti d'une tribu ou d'une communauté, le rendent souvent ennemi ou rival du reste des hommes. Le don du discernement ou ses facultés intellectuelles, qui, sous le nom de *raison*, sont distinguées de toute qualité analogue dans les autres animaux, se rapportent aux objets qui l'environnent & qui sont pour lui matiere, soit de pure connoissance, soit d'approbation ou de blâme. Il est fait non-seulement pour connoître, mais encore pour admirer & mépriser; & ces actes de son entendement ont un principal rapport à son caractère & à celui de ses semblables : vu que ce sont là les sujets à l'égard desquels il est le plus intéressé à discerner ce qui est bien de ce qui est mal. Ce n'est, pour ainsi dire, qu'à certaines conditions précises & déterminées qu'il obtient le bonheur ; & soit qu'on l'envisage comme isolé ou comme membre d'une société, il est obligé de suivre une certaine route, s'il veut jouir des avantages de sa nature. Avec tout cela, il est encore extrêmement susceptible d'habitudes ; à force de constance & d'exercice, il parvient à affoiblir, à fortifier ou même à diversifier ses talens & ses dispositions, au point de paroître en grande partie l'arbitre de son propre rang dans la nature ; & l'auteur de toutes les variétés qui se font appercevoir dans l'histoire actuelle de son espèce. Si donc nous voulons traiter une partie de cette histoire, il faut que les traits caractéristiques universels dont nous venons de parler, attirent notre première attention ; ils demandent à être non-seulement indiqués ; mais encore discutés avec précision.

Les dispositions dont la fin est la conservation de l'individu, tant qu'elles n'agissent que comme impulsions d'instinct, sont à-peu-près les mêmes dans l'homme & dans les autres animaux : mais en lui elles se combinent plutôt ou plus tard avec la réflexion & la prévoyance ; elles y font éclore les idées concernant la propriété, & lui font faire connoissance avec cet objet de soin qu'il appelle son intérêt. Au défaut de l'instinct qui apprend au castor & à l'écureuil, à la fourmie & à l'abeille à faire leurs petites provisions pour l'hyver, incapable par lui-même de songer à l'avenir, & porté à l'oisiveté, tant qu'il n'est pas remué par la présence immédiate d'un objet de passion, l'homme, par succession de temps, devient le grand modèle de la prévoyance au milieu des animaux. Dans un amas de richesses, dont il est probable qu'il ne fera jamais usage, il trouve un objet de la plus grande sollicitude & la principale idole de son cœur. Il apperçoit entre sa personne & sa propriété une relation, qui transforme en quelque sorte ce qu'il appelle *le sien* en une partie de lui-même; qui constitue son rang, sa condition, son caractère; dans laquelle, indépendamment de toute jouissance réelle, il peut être heureux ou malheureux; & par laquelle il peut être un objet de considération ou de mépris, indépendamment de son mérite personnel; dans laquelle enfin il peut être lésé & outragé, tandis que sa personne est hors d'atteinte & que tous les besoins de sa nature sont complétement satisfaits.

Les autres passions n'agissent sur nous que par instans: l'intérêt, sous tous ces points de vue, exerce un empire continuel; c'est lui qui nous porte à la culture des arts de toute espèce; c'est lui qui fait transgresser les loix de l'équité; &, quand la corruption est à son comble, c'est lui qui devient le prix de l'honneur prostitué & la régle du juste & de l'injuste. Telle est enfin la force de ce mobile, que sans le frein des loix, il entraîneroit l'homme à des excès de violence & de bassesse, qui nous montreroient, tour-à-tour, notre espèce sous un aspect plus effrayant & plus odieux, ou plus vil & plus méprisable qu'aucune espèce d'animaux qui habitent la terre.

Quoique le motif de l'intérêt soit fondé sur l'expérience des besoins & des desirs physiques, son but n'est pas d'en satisfaire aucun en particulier, mais de s'assurer les moyens de les satisfaire tous; souvent même il réprime les desirs qui lui ont donné naissance, d'une maniere plus sévère & plus puissante que ne le pourroient faire la religion ou le devoir. C'est, à la vérité, dans les principes de la conservation de soi-même qu'il prend sa source, mais il n'est qu'un abus, ou, tout au moins, un résultat partiel de ces principes, & c'est mal-à-propos, à plusieurs égards, qu'on l'a appellé *amour propre* ou *amour de soi-même*.

L'amour est une affection qui porte notre attention au-delà de nous mêmes: il a une qualité qu'on nomme tendresse, qui est incompatible avec les considérations d'intérêt. Cette affection est une complaisance & une satisfaction continuelle dans son objet, indépendante de tout événement extérieur; elle trouve au milieu des traverses & des chagrins, des triomphes & des plaisirs inconnus à ceux qui ne comptent pour rien leurs semblables; & dans tout état de choses, elle conserve un caractère absolument différent des sentimens que nous éprouvons à l'occasion de nos bons ou mauvais succès personnels. Mais comme les soins que nous prenons pour nos propres intérêts & ceux que l'affection nous porte à prendre pour les intérêts des autres, ont des effets semblables, les premiers à l'égard de notre propre fortune, les autres à l'égard de celle de nos amis; il arrive delà que l'on confond les motifs qui nous font agir; qu'on les suppose les mêmes, quant à l'espèce, & seulement appliqués à des objets différens; & c'est non-seulement abuser des termes, que de se servir du mot *amour* pour exprimer l'Egoïsme, mais c'est en quelque façon dégrader la nature humaine que de restreindre cette affection prétendue personnelle à s'assurer & à accumuler les choses qui constituent l'intérêt, ou aux moyens de la vie purement animale.

C'est une chose assez remarquable, que, tandis que les hommes s'estiment principalement par rapport aux qualités de l'ame, aux talens, au savoir, à l'esprit, au courage, à la générosité, à l'honneur, on regarde cependant comme personnels & amoureux d'eux-mêmes au premier degré ceux qui donnent tous leurs soins à la vie animale, sans beaucoup s'embarrasser de rendre cette vie digne d'attention. Néanmoins je ne sais pas pourquoi tout homme de sens ne regarderoit pas un jugement droit, une ame ferme & noble, comme faisant partie de lui-même, tout autant que son estomac ou son palais, & beaucoup plus que son habillement ou sa fortune. L'homme sensuel qui consulte son Médecin sur les moyens d'aiguiser son goût émoussé, & d'augmenter ses plaisirs en irritant son appétit, n'entendroit-il pas mieux ses intérêts, s'il consultoit pour savoir comment il pourroit fortifier son affection pour un pere, pour des enfans, pour son pays, pour l'humanité ? Il est probable que de pareils goûts seroient pour lui, une source de plaisirs au moins aussi abondante que le meilleur estomac.

Cependant, en partant de ces principes supposés personnels, nous excluons du nombre des objets dignes de nos recherches plusieurs des plus heureuses & des plus respectables qualités de la nature humaine. Nous ne voyons dans l'affection & le courage que de pures folies qui n'aboutissent qu'à déranger notre bien-être, ou à exposer nos personnes; nous faisons consister la sagesse dans le soin de notre intérêt ; & sans déterminer la signification de ce terme, nous l'établissons pour le seul mobile raisonnable de notre conduite envers les hommes. Il y a même un système de philosophie fondé sur de semblables principes : & telle est l'opinion que l'on a de cette influence apparente de l'amour propre sur les actions humaines, qu'on la regarde comme une tendance très-dangereuse pour la vertu. Mais le vice de ce système est moins dans les principes généraux que dans leurs applications particulieres; moins en ce qu'il apprend aux hommes à rapporter tout à eux-mêmes, qu'en ce qu'il pourroit leur faire oublier que leurs affections les plus heureuses, que leur candeur, leur indépendance d'esprit sont réellement des parties d'eux-mêmes. Les adversaires de cette philosophie, qui fait de l'amour propre la passion dominante de l'humanité, ont eu raison de lui reprocher moins l'idée désavantageuse qu'elle nous donne de la nature humaine, que la ridicule prétention de faire passer pour une découverte scientifique ce qui n'est en effet qu'une innovation dans le langage.

Quand le vulgaire parle des motifs qui le font agir, il se contente des termes ordinaires qui expriment les distinctions connues & palpables. Tels sont les mots de *bienveillance* & *d'intérêt personnel*, pour désigner le désir du bonheur des autres, ou le soin qu'on prend de son propre bonheur. Les raisonneurs ne s'en tiennent pas toujours à ce procédé; ils veulent analyser & calculer avec précision les ressorts de la nature, &, simplement pour avoir l'air de dire quelque chose de nouveau, sans aucune utilité réelle, ils s'exposent à bouleverser les idées du commun des hommes. Dans le cas dont il s'agit ici, on a découvert que la bienveillance n'est rien de plus qu'une sorte d'amour de soi-même ; & pour cela on voudroit nous obliger à chercher, s'il étoit possible, un nouvel assortiment de termes pour distinguer l'intérêt personnel d'un pere, lorsqu'il a pour objet le bien de son enfant, ou lorsqu'il se rapporte à lui-même ; car, selon ce système, comme dans ces deux cas, il ne songe qu'à satisfaire un desir personnel, il est également intéressé. D'ailleurs, le mot *Bienveillant*, ne s'emploie pas pour désigner des personnes qui ne songent pas à leur bien-être personnel, mais celles qui sont portées d'inclination à procurer celui des autres. Le fait est qu'il nous faudroit réellement une nouvelle recrue d'expressions pour remplacer celles que nous feroit perdre cette prétendue découverte : sans quoi, nos raisonnemens ne pourroient plus marcher comme par le passé. Il est impossible de vivre & d'avoir quelques rapports avec les hommes, sans employer différens termes pour distinguer celui qui est humain de celui qui est cruel, le bienveillant de l'intéressé. Ces termes ont des équivalens dans toutes les langues; ils furent inventés par des hommes sans rafinement, qui ne songeoient qu'à rendre ce qu'ils concevoient distinctement, ou ce qu'ils sentoient fortement. Et quand même un raisonneur parviendroit à prouver que nous sommes intéressés dans son sens, il ne s'ensuivroit pas que nous le fussions dans le sens du vulgaire; &, qu'en toute occasion, nous fussions condamnés à agir par les motifs de l'intérêt, de la cupidité, de la pusillanimité, de la lâcheté : conséquence que pourroit tirer delà le commun des hommes; car, telle est l'idée que l'on attache communément à ce qu'on appelle l'intérêt personnel dans un homme.

On dit souvent qu'un attachement

ou une passion nous inspire de l'intérêt pour son objet ; l'humanité nous intéresse au bonheur du genre humain. Le mot *intérêt* signifie ordinairement quelque chose de plus que *l'amour du sien* ; il est pris quelquefois pour l'utilité en général, & l'utilité pour le bonheur ; de sorte qu'au milieu de ces variations, de ces équivoques, il n'est point étonnant que nous ne puissions pas encore déterminer quel intérêt est l'unique mobile des actions humaines, & la marque distinctive de ce qui nous est avantageux ou nuisible.

Ce n'est pas par envie de prendre parti dans la dispute, que je me suis autant étendu sur ce point, mais seulement pour restreindre la signification du mot *intérêt* à son acception la plus commune, & faire connoître que mon intention est de l'employer à exprimer les objets de soin qui ont rapport à notre condition extérieure, & à notre conservation animale. Etant ainsi particularisé, on ne s'avisera plus de comprendre sous cette dénomination, tous les motifs qui nous font agir. Si l'on n'accorde pas que la bienveillance de l'homme puisse être désintéressée, on conviendra du moins qu'il a des passions d'une autre espéce qui le sont. La haine, l'indignation, la fureur le poussent souvent à des actions directement opposées à son intérêt connu, même jusqu'à risquer sa vie, sans aucune compensation, sans aucun espoir de dédommagement ou de retour.

CHAPITRE III.

Des Principes d'Union parmi les Hommes.

ON a toujours vu les hommes attroupés, soit qu'ils fussent en paix ou en guerre, soit qu'ils menassent une vie errante, ou qu'ils eussent des établissemens stables. La cause qui les a rassemblés, quelle qu'elle soit, est, sans contredit, le principe d'union parmi eux.

En recueillant les matériaux de l'histoire, rarement on veut présenter les choses telles qu'on les trouve. On craint de s'engager dans un labyrinthe de détails & de contradictions apparentes. On annonce & on se propose la recherche des principes généraux, &, sous prétexte d'embrasser plus facilement la matiere, on se laisse entraîner dans quelque système. Ainsi en traitant ce qui regarde l'humanité, on veut avoir un principe d'union ou de dissention, d'où l'on puisse déduire toutes les conséquences. L'état de nature est un état de guerre ou d'amitié, & les hommes s'unissent par crainte ou par affection, selon que l'un ou l'autre quadre mieux avec le système de chaque écrivain. L'histoire de notre espéce nous fait voir que les hommes sont les uns pour les autres des objets mutuels & de frayeur & d'amour ; ainsi, ceux qui veulent prouver qu'originairement ils étoient dans un état de concorde ou de guerre, y trouvent également une ample provision de raisonnemens pour étayer leurs différentes assertions. Souvent cet attachement exclusif à un principe ou à une opinion doit toute sa force à l'animosité que l'on a conçue contre le sentiment opposé ; & cette animosité, à son tour, ne vient souvent que de l'esprit de parti & du desir de faire triompher la cause que l'on a épousée.

« L'homme est né en société », dit Montesquieu, « & il y reste ». On sait combien d'attraits puissans l'y retiennent. On peut citer en premier lieu, la tendresse paternelle qui, au lieu d'abandonner l'adulte, comme font les animaux, s'y attache plus étroitement à mesure qu'à ce premier sentiment se joignent l'estime & le souvenir des effets qu'il a lui-même opérés; après cela le penchant commun à l'homme & aux autres animaux à aller en troupes, & à suivre, sans réflexion, la foule de son espece. J'ignore quel étoit ce penchant au moment qu'il agit pour la premiere fois; mais parmi les hommes accoutumés à la société, la compagnie est comptée pour un des plus grands plaisirs, & sa privation, pour une des plus grandes peines de la vie. La tristesse & la mélancolie sont le partage de la solitude; la gaieté & le contentement sont attachés au commerce des hommes. Le Matelot isolé découvre avec joie la trace d'un Lapon sur la neige qui couvre le rivage; & les signes muets de cordialité & de bienveillance qu'il en reçoit, réveillent en lui le sentiment des plaisirs qu'il a goûtés dans le commerce de ses semblables. «Enfin dit l'Auteur d'un Voyage au Nord, en finissant le récit d'une scène muette de ce genre : » après treize » mois passés sans voir une créature » humaine, nous eûmes un plaisir » infini à nous trouver avec des hom- » mes (a) ». Mais qu'est-il besoin de recourir à des observations éloignées pour confirmer notre proposition ? Les cris de l'enfant, la tristesse de l'adulte, lorsqu'ils se voyent seuls ; la joie vive de l'un & la gaieté de l'autre, lorsqu'il leur revient compagnie, nous prouvent assez que ce penchant est inhérent à notre nature.

En analysant les faits, nous oublions souvent ce que nous avons éprouvé nous-mêmes ; & au lieu de faire attention aux impressions que fait sur nous la présence des objets, nous allons chercher pour mobiles

_____

(a) Collection de Voyages des Hollandois.

des actions des hommes, des considérations qui ne se présentent que dans les momens de recueillement, & dans le calme de la réflexion. Tel est l'effet de la prévention, qu'il n'y a que les vues réfléchies de l'intérêt qui nous paroissent un ressort assez puissant ; nous ne concevons pas qu'un grand ouvrage, tel que la formation de la société, ait pu être opéré autrement que par de profondes méditations, & par la perspective des avantages que les hommes retirent de leur réunion & de leur appui mutuel. Mais ni ce penchant des hommes à vivre en troupes, ni la considération des avantages attachés à cet état ne renferment tous les principes qui les unissent ensemble. Ces liens mêmes ne font qu'un tissu foible, si on les compare à cette ardeur déterminée avec laquelle un homme s'attache à son ami, à sa tribu, à ceux avec qui il a couru pendant quelque temps la carriere de la fortune. Les épreuves mutuelles de générosité, les associa-

tions cimentées par une égale bravoure, resserrent encore les nœuds de l'amitié, & la portent à un degré d'enthousiasme que ni les considérations de l'intérêt, ni même le danger personnel ne sont capables d'arrêter. Les prospérités de l'objet d'un tendre attachement produisent en nous les transports de la joie les plus vifs ; la vue de ses malheurs nous arrache des cris de désespoir. Un Indien retrouve inopinément son ami dans l'Isle de Juan Fernandez ; il se précipite à ses pieds : « nous restâ-
» mes en silence, dit Dampierre,
» & comme immobiles à la vue de
» cette scène attendrissante ». Ce qui ressemble le plus à la dévotion dans un sauvage de l'Amérique, & sa véritable religion : ce n'est pas la peur des sorciers, ni la confiance qu'il a dans la protection des esprits de l'air & des forêts ; c'est l'ardente affection avec laquelle il chérit son ami, vole à ses côtés dans toutes les occasions périlleuses, & même invo-

que son esprit, lorsque, loin de lui, il se voit surpris par le danger (a). Quelques preuves que puisse nous fournir du penchant naturel de l'homme pour la société, l'état de choses dans lequel nous sommes placés, peut-être est-il de quelque importance de ne tirer nos observations que des hommes qui vivent dans la plus grande simplicité, & qui n'ont pas appris à feindre ce qu'ils ne sentent pas réellement.

L'habitude seule & la simple fréquentation suffisent pour nourrir l'affection; le charme de la société, dès qu'une fois on l'a senti, attire à elle toutes les passions du cœur humain. Ses triomphes & ses calamités, ses dangers & ses succès sont une source d'émotions fortes & variées qui ne peuvent exister que parmi les hommes réunis. C'est-là que l'individu oublie sa foiblesse & qu'affranchi de la nécessité de pourvoir à sa

_____
(a) Charlevoix, Hist. du Canada.

subsistance

subsistance & à sa sûreté, il reçoit l'impression de ces passions qui lui font découvrir toute sa force ; c'est-là qu'il éprouve que ses flèches sont plus rapides que le vol de l'aigle, & ses armes plus redoutables que la dent du sanglier & la griffe du lion. Le desir de se distinguer parmi ses associés, l'assurance d'un appui prochain ne lui inspirent pas seuls ce courage & cette confiance qui l'élevent au-dessus de ses forces naturelles. Ses premiers efforts de vigueur sont produits par les mouvemens impétueux de l'animosité ou de l'affection ; entraîné par ces mouvemens, il ne voit plus que son objet ; les dangers & les obstacles ne font que l'irriter.

L'état le plus favorable à la nature de tout être, est sans contredit celui où ses forces se trouvent augmentées : si donc le courage dans l'homme est un don de la société, on doit, à juste titre, regarder son union avec son espèce, comme la plus belle portion de son appanage. C'est à elle qu'il doit l'énergie, l'existence même des émotions les plus heureuses. Transportez-le seul dans un désert, bientôt vous verrez disparoître le personnage & le caractère d'homme : c'est une plante déracinée de son sol natal, qui conserve encore sa forme, mais dont toute la vertu s'altére & se perd.

Il est si peu vrai que les hommes ne tiennent à la société, que par la raison de ses avantages extérieurs, que c'est communément où ils trouvent le moins de ces avantages qu'ils lui sont le plus dévoués, & que leur attachement n'est jamais plus ferme que quand il s'acquitte avec des tributs de sang. L'affection agit avec le plus de force, lorsqu'elle rencontre les plus grands obstacles : dans le cœur d'un pere, c'est à la vue des dangers de son enfant qu'elle se fait sentir avec le plus de vivacité ; dans un homme, c'est lorsque les désastres d'un ami ou les malheurs de son pays demandent son assistance. En un mot, je ne vois pas comment expliquer autrement l'attachement obstiné d'un sauvage pour sa tribu, où il ne recueille que besoins & dangers de toute espèce, tandis qu'il a sous les yeux d'autres séjours où l'abondance & la sécurité lui sont offertes. C'est à ce même principe qu'il faut aussi rapporter cet amour exclusif de tout Grec pour son pays & le patriotisme exalté des anciens Romains. Comparons ces exemples avec l'esprit qui regne dans un état commerçant où les individus doivent être censés connoître par expérience toute l'étendue de l'intérêt qu'ils ont à la conservation de leur pays. C'est-là, il faut en convenir, que l'homme paroît quelquefois un être isolé & solitaire : il a trouvé un objet qui le met en concurrence avec ses semblables & il en use avec eux comme il fait à l'égard de sa terre & de son bétail, suivant le profit qu'il en retire. Ce ressort si puissant que nous prétendons avoir formé la société, ne sert qu'à porter la désunion parmi ses membres, ou à entretenir la communication entr'eux, lorsque les liens de l'affection sont rompus.

CHAPITRE IV.
Des principes de guerre & de dissention.

« IL y a, dit Socrate, dans le lot
» de l'humanité, certaines particulari-
» tés qui portent à croire que les hom-
» mes sont faits pour la concorde &
» l'amitié : tels sont leurs besoins mu-
» tuels ; leur compassion mutuelle ; le
» sentiment de leur utilité mutuelle ;
» & le plaisir qu'ils trouvent à être
» ensemble. Il y en a d'autres qui sont
» des semences de guerre & de désu-
» nion : telles que leur estime & leurs
» desirs pour les mêmes objets ; leurs
» prétentions opposées ; & les offenses
» réciproques qui résultent nécessai-
» rement de leur concurence ».

Lorsqu'on applique les principes de l'équité naturelle à la solution des difficultés que peut offrir cette matiere, on trouve qu'il est des cas possibles, qui même sont arrivés réellement, où l'opposition a lieu & devient légitime, quoiqu'il n'ait précédé aucun acte d'injustice ou de violence; que, lorsque la sûreté & la conservation d'un nombre d'hommes est incompatible avec la sureté & la conservation d'un autre nombre d'hommes, l'un des deux est suffisamment autorisé à user de son droit de défense, avant que l'autre ait fait aucune attaque. Si donc on ajoute aux cas de cette espèce tous les cas de méprise & de malentendu auxquels les hommes sont exposés, on sera convaincu que la guerre ne procéde pas toujours d'une intention formelle de faire du mal; & que même les plus excellentes qualités des hommes, leur bonté d'ame peuvent aussi-bien que leur intrépidité, se signaler au milieu de leurs querelles.

Il y a plus encore : non-seulement les hommes trouvent dans leur situation des sources de discorde & de dissention, mais il paroît encore par leur empreſſement & leur joie à ſaiſir toutes les occaſions de s'oppoſer les uns aux autres, qu'ils portent au-dedans d'eux-mêmes des ſemences d'animoſité. Dans l'état le plus paiſible, il en eſt peu qui n'ayent leurs ennemis auſſi-bien que leur amis, & qui ne prennent plaiſir à traverſer les démarches de l'un, de même qu'à favoriſer les deſſeins de l'autre. Les plus petites ſociétés, de ſimples tribus, qui dans leur ſociété domeſtique jouiſſent de l'union la plus ferme, ont, comme nations ſéparées, leur eſprit d'oppoſition & d'excluſion, & ſouvent ſont poſſédées par des haines les plus implacables. Aux yeux d'un citoyen Romain, dans les premiers âges de la République, le titre d'étranger & celui d'ennemi, étoient ſynonymes. Chez les Grecs, le nom de Barbare ſous lequel ils comprenoient tout ce qui n'étoit pas de race Grecque, & parloit une autre langue que la leur, étoit devenu un terme d'averſion & de mépris qui n'admettoit point d'exception. L'antipathie, les guerres fréquentes ou plutôt les hostilités continuelles que l'on voit entre des nations sauvages, & des hordes séparées, sans qu'il y ait entr'elles de contestations pour la prééminence & leur répugnance à s'unir, nous montrent bien que, si notre espèce est naturellement portée à la concorde, elle l'est également à l'opposition.

Les dernieres découvertes nous ont mis à portée de connoître presque toutes les différentes positions dans lesquelles les hommes peuvent se trouver. Ici nous les voyons couvrir d'immenses continens, où les communications sont faciles & où des confédérations pourroient aisément se former entre les différentes nations. Là, resserrés dans des espaces plus étroits, où ils sont circonscripts par des chaînes de montagnes, par de grandes rivieres, par des bras de mer ; on en a trouvés dans de petites Isles écartées, où les habitans pourroient se rassembler avec facilité & tirer avantage de leur réunion. Dans toutes ces situations indistinctement, on les a trouvés divisés par cantons, & affectans de se distinguer par des noms différens & par communautés séparées. Les titres de *Concitoyen* & de *Compatriote*, sans leur opposition à celui d'*Etranger*, auquel ils se réferent, perdroient leur signification & tomberoient en désuétude. Nous aimons les individus par rapport à leurs qualités personnelles ; mais nous aimons notre pays comme faisant une portion dans le partage de l'humanité ; & notre zele pour ses intérêts n'est qu'une prédilection pour le parti auquel nous tenons.

Dans le mêlange des hommes réunis, il nous suffit d'avoir la liberté de choisir notre compagnie. Nous laissons ceux qui n'ont rien qui nous attache & nous prenons parti où la société est plus analogue à nos goûts. Nous voulons des distinctions ; sous les dénominations de partis, de factions, nous nous embarquons dans des querelles & des démêlés sans sujet important, sans motif particulier. Si l'affection est alimentée par une direction continuelle vers son objet, il en est de même de l'aversion. L'éloignement & la séparation aussi-bien que l'opposition aggrandissent la rupture qui, dans son principe, ne fut point l'effet des offenses ou du mécontentement. Il y a lieu de croire que tant que l'espece humaine ne sera pas réduite à l'état d'une seule famille, ou qu'on n'aura pas trouvé quelque considération extérieure assez puissante pour tenir les hommes réunis en nombres plus considérables, ils se partageront à jamais par bandes, & formeront une multiplicité de nations.

Souvent l'approche d'un commun danger & les attaques d'un ennemi, ont été salutaires à des nations, en unissant plus étroitement leurs membres & en prévenant les schismes & les séparations, qui, sans cela, auroient infailliblement été le terme de leurs discordes intestines. Ce motif d'union qui vient du dehors, peut être nécessaire non-seulement aux

C v

nations qui occupent une vaste étendue où les associations sont moins fermes par la raison des distances, & par la distinction des noms des différentes Provinces ; mais encore aux sociétés plus resserrées, & aux plus petits Etats. Rome elle-même, avoit été fondée par une poignée d'aventuriers venus d'Albe ; ses citoyens étoient continuellement en danger de se séparer ; & si les cantons des Volsques eussent été moins voisins du théâtre de leurs dissentions, le Mont Sacré eût reçu détachemens sur détachemens, avant que la Métropole fût en état de supporter de semblables pertes. Elle continua long-temps à être déchirée par les querelles entre les nobles & les plébéiens ; & plus d'une fois les portes du temple de Janus ne furent ouvertes que pour faire ressouvenir les deux partis de ce qu'ils devoient à leur patrie commune.

Si les sociétés, aussi-bien que les individus, sont chargées du soin de leur propre conservation, & si nous apper-

cevons, dans les unes comme dans les autres, une séparation d'intérêt capable d'enfanter des jalousies & des rivalités, nous ne devons pas être surpris de voir les hostilités provenir de la même source. Mais les animosités qui naissent de l'opposition d'intérêt, s'il ne s'y joignoit des passions d'une autre espèce, seroient proportionnées à l'importance présumée du sujet. « Les différens peuples Hotten-
» tots, dit Kolben, s'enlevent réci-
» proquement leurs femmes & leurs
» bestiaux, mais rarement ils se per-
» mettent ces violences, à moins
» qu'ils n'ayent envie d'irriter leurs
» voisins, & de les pousser à faire
» la guerre ». Ces déprédations ne sont donc pas le principe de leurs guerres, mais les effets d'une disposition ennemie conçue précédemment. Les nations de l'Amérique septentrionale qui n'ont ni troupeaux, ni établissemens à défendre, vivent dans un état de guerre presque continuelle, sans qu'ils puissent en donner d'au-

tres raisons que le point d'honneur & le desir de continuer les querelles qu'ont soutenues leurs peres. Les dépouilles des vaincus n'entrent pour rien dans leurs motifs ; le guerrier qui s'est saisi de quelque butin, le partage volontiers avec le premier qui se trouve sur son chemin (*a*).

Mais, il n'est pas nécessaire de parcourir les côtes de la mer Atlantique pour trouver des marques d'animosité parmi les hommes, & pour appercevoir dans le conflit des sociétés séparées, l'influence de passions aigres qui ne naissent point d'une opposition d'intérêt. De toutes les particularités du caractere humain il n'en est point dont on trouve plus de traits frappans sur la partie du globe que nous habitons. Quelle est cette émotion qui s'élève dans le coeur du commun des hommes, au seul nom des ennemis de leur pays ! d'où viennent ces préventions

―――――――――――

(*a*) Voyez l'hist. du Canada de Charlevoix.

qui subsistent entre différentes provinces, entre différens cantons & villages d'une même domination, du même territoire? Qu'est-ce qui arme une moitié de l'Europe contre l'autre? La politique trouve dans les jalousies nationales & dans le motif de la sûreté, de quoi justifier sa conduite; mais le peuple a des préventions & des antipathies dont il ne peut rendre raison. Les reproches mutuels d'injustice & de perfidie entre les nations, ne sont, comme les violences des Hottentots, que des symptômes d'une animosité préexistante, & le langage d'une disposition ennemie. L'aversion prodigue les accusations de lâcheté & de foiblesse, celles de toutes les qualités qu'un ennemi est le plus intéressé à trouver dans son rival, & ces accusations sont la source des haines. Entendez les paysans citérieurs & ultérieurs des Alpes & des Pyrénées, ceux des deux bords du Rhin ou de la Manche; laissez un libre cours à leurs préventions, à leurs passions nationales ; c'est-là que vous trouverez des germes de guerre & de dissention auxquels les gouvernemens n'ont aucune part, & des étincelles que souvent ils voudroient étouffer, toutes prêtes à prendre feu & à éclater. L'incendie ne suit pas toujours la direction que l'homme d'état voudroit lui donner, & il n'est pas maître d'en arrêter le cours, lorsque le rapprochement des intérêts a produit une alliance. « Mon pere sortiroit du » tombeau », disoit un paysan Espagnol, « s'il prévoyoit une guerre » avec la France ». Qu'est-ce que cet homme, ou les ossemens de son pere, avoient de commun avec les querelles des Princes ?

Ces observations semblent accuser notre espece, & donner une idée peu favorable de la race humaine : cependant, comme nous l'avons observé, ces dispositions ne sont point incompatibles avec les plus aimables qualités de notre nature & souvent elles nous fournissent les occasions de déployer nos plus beaux talens. Ce sont les sentimens de générosité & de désintéressement qui animent le guerrier à la défense de son pays : ce sont les penchans les plus favorables à l'humanité, qui deviennent le principe des hostilités que l'on voit parmi les hommes. Tout animal se plaît dans l'exercice de ses talens & de ses forces naturelles. Le lion & le tigre aiment à jouer de la patte ; le cheval à livrer sa criniere au vent & il quitte les pâturages pour faire dans la plaine l'essai de sa vitesse ; le taureau, avant même que son front soit armé, & le mouton, tandis qu'il est encore l'emblême de l'innocence, se plaisent à frapper de la tête, & à anticiper dans leurs jeux les combats qu'ils sont destinés à soutenir. L'homme de même est naturellement porté à lutter, à déployer les forces de sa nature, contre un antagoniste d'une force égale ; il se plaît à faire éclater sa raison, son éloquence, son courage, même la force de son corps. Souvent ses jeux sont une image de la guerre; il prodigue volontairement ses sueurs & son sang dans ses amusemens; les blessures & la mort terminent souvent les passetems de la joie & du désœuvrement. Il n'étoit pas fait pour vivre toujours, & il trouve encore, jusques dans l'amour du plaisir, mille chemins qui conduisent au tombeau.

Sans la rivalité des nations, sans l'usage de la guerre, à peine la société civile eût-elle pu avoir un objet & prendre une forme. Les hommes auroient pu traiter les uns avec les autres sans conventions formelles, mais ils ne pouvoient être en sûreté sans un concert national. La nécessité d'une défense publique a donné lieu à la plupart des départemens des états, & le maniement des forces nationales fournit le théâtre le plus vaste aux talens de l'esprit. Tenir en respect, intimider, employer la force quand la raison & la persuasion sont inutiles, sont des occupations dans lesquelles une ame vigoureuse trouve la matiere la plus intéressante pour son activité, & ses triomphes les plus flatteurs. L'homme qui n'a jamais été aux prises avec ses semblables, est étranger à la moitié des sentimens de l'humanité.

A la vérité, les querelles des particuliers sont ordinairement produites par des passions malheureuses & détestables, par la méchanceté, la haine, la fureur. Si de telles passions regnoient exclusivement dans les cœurs, toute dissention deviendroit une scène d'horreur; mais des oppositions publiques soutenues de part & d'autre par un grand nombre, sont toujours tempérées par des passions d'une autre espece. L'amitié & l'affection se mêlent avec l'animosité; l'homme actif & l'homme brave deviennent les génies tutélaires de leur société; la violence même n'est alors en eux que l'effort du courage & de la générosité. Nous applaudissons, comme effet du patriotisme ou de l'espit de parti, ce que nous ne pourrions supporter comme l'effet d'une inimitié personnelle ; & au milieu des contestations des états rivaux, nous ne voyons dans l'usage de la violence & dans les artifices de la ruse, qu'une illustre carriere de vertus pour le patriote & le guerrier. L'opposition même des personnes ne peut mettre de la partialité dans les jugemens que nous portons sur leur mérite : nous prononçons avec une égale admiration les noms rivaux d'Agésilaüs & d'Epaminondas, de Scipion & d'Annibal. La guerre elle-même qui, sous un certain aspect, semble si funeste, considérée sous un autre point de vue, est l'exercice des ames nobles ; & quant à ses effets dont nous ne pouvons nous empêcher de gémir, elle n'est qu'une maladie de plus, par laquelle l'Auteur de la nature a voulu que la vie humaine pût être terminée.

Ces réflexions sont propres à jetter du jour sur l'état de l'humanité ; mais elles sont destinées spécialement à nous reconcilier avec la conduite de la providence, & non à nous faire changer la nôtre, toutes les fois que, pour le bonheur de nos semblables, nous employons nos soins à calmer leurs animosités, & à les unir par les liens de l'affection. Avec ce zele louable, nous pouvons espérer de défarmer quelquefois la haine & l'envie; de faire naître dans le cœur des particuliers des sentimens de bienveillance pour leurs semblables, & de leur inspirer la justice & l'humanité. Mais en vain prétendroit-on inspirer à tout un peuple l'amour de l'union & de la concorde, & exclure toute disposition ennemie envers ceux, avec qui il est en opposition. Si on parvenoit une fois à étouffer dans une nation l'émulation que lui donnent ses voisins, il est vraisemblable que l'on verroit en même-temps chez elle les liens de la société se relâcher ou se rompre, & tarir la source la plus féconde des occupations & des vertus nationales.

CHAPITRE V.
Des Facultés intellectuelles.

ON a fait bien des tentatives pour analyſer les penchans dont nous venons de faire l'expoſition; mais c'eſt avoir atteint le but peut-être le plus important de la ſcience, que d'avoir bien conſtaté l'exiſtence d'un penchant. Sa réalité & ſes conſéquences nous importent bien plus que ſon origine & la maniere dont il a pu ſe former.

On peut appliquer la même obſervation aux autres facultés de notre nature. Leur exiſtence, leur uſage ſont les principaux objets de notre étude. Penſer & raiſonner, nous dit-on, ſont des opérations de quelque faculté; mais en quel état reſtent les facultés de penſer & de raiſonner, quand elles ne ſont point développées par l'exercice; ou bien, quelle différence dans l'organe produit cette inégalité avec laquelle nous les voyons départies dans les divers individus ? ce sont-là des questions que nous ne sommes pas en état de résoudre. Nous ne connoissons ces facultés que par leurs opérations; tant qu'elles ne sont point employées, elles sont comme nulles pour ceux mêmes qui les possédent; & l'action fait tellement partie de leur nature, qu'en plusieurs circonstances on peut à peine distinguer la faculté elle-même de l'habitude acquise par le fréquent usage de cette faculté.

Les personnes qui s'appliquent à plusieurs objets, ou qui agissent sur plusieurs théâtres différens, paroissent en général posséder plusieurs talens, ou du moins avoir les mêmes facultés diversifiées, & appropriées à différentes fonctions. De cette maniere, il se pourroit que le génie particulier des nations aussi-bien que celui des individus, dépendît de l'état de leur fortune. Il est à propos de chercher quelque regle par où l'on puisse discerner ce qui est digne d'admiration dans les talens de l'homme, ou d'heureux dans l'usage de ses facultés, avant que de hasarder un jugement sur cette partie de son mérite, ou de vouloir déterminer le degré de respect auquel ses diverses acquisitions lui donnent droit de prétendre.

Recevoir des instructions par les sens, est peut-être la premiere fonction d'une nature animale combinée avec une nature intellectuelle; & l'une des grandes perfections d'un agent animé consiste dans la force & la sensibilité de son organisation animale. Les plaisirs & les peines qui lui viennent par cette voie, constituent à ses yeux une différence essentielle entre les objets qui se présentent à connoître; & il lui importe de les bien distinguer, avant de se laisser conduire par son appétit. Il doit vérifier le rapport d'un sens par les perceptions d'un autre sens; observer avec l'œil avant de hasarder le toucher; & employer tous les moyens de l'examen avant de satisfaire les besoins de la soif ou de la faim. Un discernement acquis par l'expérience devient une faculté de l'esprit, & quelquefois, il est impossible de distinguer les conclusions de la pensée des perceptions du sens.

Les objets qui nous environnent, outre leurs apparences particulieres, ont encore leurs relations les uns avec les autres : en les comparant, ils font naître des idées qu'ils n'offriroient pas considérés séparément ; ils ont leurs effets & leurs influences réciproques ; ils montrent, dans des circonstances semblables, de semblables opérations & des conséquences uniformes. Quand on a trouvé & exprimé les points dans lesquels consiste l'uniformité de leurs opérations, on a découvert une loi physique. Plusieurs de ces loix, même les plus importantes, sont connues du vulgaire ; & la plus légere attention suffit pour les faire appercevoir : mais il en est d'autres enveloppées dans une confusion apparente, que des talens ordinaires ne peuvent démêler, & qui par cette raison exigent de l'étude, une longue observation & une intelligence supérieure. L'artisan aussi-bien que le savant, appliquent leur pénétration & leur jugement à écarter ces difficultés ; & ce qui détermine le dégré de sagacité de l'un ou de l'autre, est leur succès à découvrir des regles générales appliquables à un grand nombre de cas qui sembloient n'avoir rien de commun, & à trouver des distinctions importantes entre des choses que le vulgaire est sujet à confondre.

L'objet de la science est de rassembler une grande quantité de faits particuliers sous des chefs généraux, & de rapporter diverses opérations à leur principe commun. L'homme voué à quelque genre de travail, & celui qui n'est occupé que de ses plaisirs, fers, tendent à la même fin, du moins chacun dans l'ordre de choses où s'exerce son activité ; & l'on diroit que le spéculateur & le travailleur se sont imposé la même tâche, à les voir observer & faire des expériences pour découvrir des vues générales sous lesquelles ils puissent envisager leurs objets, & des regles qui puissent s'appliquer utilement dans le détail de leur conduite. Comme ils n'emploient pas toujours leurs talens à des objets différens, ce qui les distingue principalement, c'est le nombre, la variété & le degré d'importance de leurs observations & le but particulier auquel chacun d'eux les rapporte.

Tant que les hommes sont conduits par les appétits & les passions qui menent à des fins extérieures, rarement ils perdent de vue les détails de leurs objets, pour se jetter bien avant dans la recherche des notions générales. Ils mesurent le degré de leur habileté par leur promptitude à saisir tout ce qu'un objet peut avoir d'important, par leur facilité à se tirer d'affaire dans les occasions embarrassantes. Et, il faut en convenir, pour un être destiné à lutter contre les difficultés, ce sont-là les véritables marques de la force & de l'habileté. L'appareil des mots & les raisonnemens généraux portent l'apparence d'un profond savoir, mais ils sont de peu d'utilité dans la conduite de la vie. Les talens dont ils émanent ne sont que de luxe & d'ostentation, & vont rarement avec cette supériorité de discernement que montre, dans les momens critiques, l'homme exercé par la pratique, & beaucoup moins encore avec l'intrépidité & la force d'esprit nécessaires pour sortir des pas difficiles.

Aussi voit-on dans les talens des hommes actifs une diversité analogue aux différens sujets dont ils sont occupés. La pénétration appliquée à la connoissance de la nature extérieure & inanimée, forme une espéce d'habileté ; tournée du côté de la société & des affaires, elle en forme une autre. La réputation d'habileté, en quelque genre que ce soit, est équivoque, jusqu'à ce que l'on sache par quelle espéce de faits on l'a méritée. Tout ce qu'on peut dire à la louange des hommes du plus grand talent, c'est qu'ils entendent bien la partie à laquelle ils sont attachés : & toute espéce d'emploi, toute profession auroit ses grands hommes, s'il n'y avoit un choix dans les objets de l'entendement & dans les talens de l'esprit, comme il y en a un dans les sentimens du cœur & dans les habitudes qui forment la partie agissante du caractere.

Quelquefois, à la vérité, les professions les plus viles s'oublient elles-mêmes & le reste des hommes, au point d'usurper, en relevant ce qu'il y a de distingué dans leur partie, les qualifications que les professions les plus honorables réclament comme le partage de talens d'un ordre supérieur. Tout artisan est un grand homme dans son métier aux yeux d'un apprentif ou d'un humble admirateur ; & peut-être seroit-il plus aisé de décider avec assurance ce qui peut rendre un homme heureux ou aimable, que ce qui doit faire respecter ses talens & admirer son génie. C'est peut-être même une chose impossible à envisager les talens en eux-mêmes ; il n'y a que leurs effets qui puissent nous donner la règle & la mesure pour les juger. Etre admiré & respecté, c'est avoir de l'ascendant sur les hommes. Les talens les plus propres à procurer cet ascendant, sont ceux qui agissent sur les hommes, qui pénètrent leurs vûes, préviennent leurs souhaits, ou déconcertent leurs desseins. Le génie supérieur conduit avec une assurance supérieure au but auquel on aspire. Il montre à l'homme incertain & chancelant, un chemin sûr pour arriver à ses fins.

Cette définition n'appartient à aucun métier, à aucune profession en particulier; peut-être même renferme-t-elle l'idée d'une espéce d'aptitude universelle, que l'application exclusive à des professions séparées ne tend qu'à étouffer ou à affoiblir. Où trouver les talens propres à traiter avec les hommes réunis en corps collectif, si nous divisons ce corps par parties, & que nos observations sur chacune de ces parties, ne portent plus que sur des fonctions séparées ?

Agir dans la vûe de ses semblables, produire son ame au grand jour, lui donner tous les exercices de la pensée & du sentiment qui appartiennent à l'homme, comme membre d'une société, comme ami ou ennemi; voilà qu'elle paroît être la vocation de la nature humaine, & sa fonction principale. Si l'homme a besoin de travailler pour subsister, il ne peut subsister pour une meilleure fin que le bien de l'humanité, ni avoir de talens plus estimables que ceux qui le rendent propre à agir avec des hommes. Il paroîtroit par-là que l'entendement dépend en grande partie des passions; &, en effet, les choses humaines sont combinées d'une maniere si heureuse, que le plus souvent il est bien difficile de démêler ce qui part de la promptitude de la tête de ce qui vient de la chaleur & de la sensibilité de l'ame. Lorsque toutes ces qualités se trouvent réunies, elles constituent cette supériorité de caractere, qui, suivant qu'elle est plus ou moins commune dans les hommes, doit décider de la prééminence de génie, & du degré d'estime & de gloire entre les siecles & les peuples différens, beaucoup plus que les progrès qu'ils ont faits dans les sciences spéculatives, ou dans la culture des arts méchaniques & libéraux.

Lorsque des nations se succédent dans la carriere des découvertes & des recherches, la derniere est toujours la plus instruite. Les systèmes des sciences se forment par degrés; c'est par degrés qu'on est parvenu à traverser le globe, & l'histoire du siecle qui finit, est un surcroit de connoissances pour celui qui commence. Les Romains étoient plus savans que les Grecs ; & , en ce sens, il n'est point d'homme de lettres dans l'Europe moderne qui n'en sache plus que les plus illustres personnages que ces deux nations ayent produits. Mais est-ce à dire pour cela qu'il leur soit supérieur ?

On doit estimer les hommes, non suivant ce qu'ils savent, mais suivant ce qu'ils sont capables de faire ; suivant leur habileté à appliquer les moyens aux différens besoins de la vie ; suivant leur vigueur & leur sagesse à pourvoir aux objets de police, & à trouver les ressources nécessaires pour la guerre & la défense nationales. Il en est de même à l'égard des gens de lettres ; leur considération doit être proportionnée au mérite des productions de leur genie, & non à l'étendue de leur savoir. Le champ de l'observation étoit extrêmement borné dans les républiques de la Grèce ; le fracas d'une vie agissante paroissoit incompatible avec l'étude ; cependant l'esprit humain y déploya toutes ses forces, & y prit ses plus grands accroissemens au milieu des travaux, des sueurs & de la poussiere.

C'est une chose particuliere à l'Europe moderne, d'abandonner le caractere humain à l'éducation des livres, de l'étude & de la méditation. Une juste admiration pour la littérature ancienne, & le préjugé que, sans ce secours, la raison & le sentiment auroient disparu des sociétés humaines, nous ont jettés dans la retraite ; & là, nous nous efforçons de pénétrer par l'imagination & la pensée ce qui est matiere d'expérience & de sentiment ; & à l'aide de grammaires des langues mortes & des commentateurs, nous prétendons atteindre à des beautés de pensée & d'élocution qui furent inspirées par la chaleur de l'esprit de société & dictées par les vives impressions d'une vie agissante. Nos progrès souvent ne vont pas au-delà des élémens de chaque science, & rarement ils parviennent à cette étendue d'intelligence & de capacité que donneroit la connoissance des choses utiles. Semblables à un Géometre qui étudie les élémens d'Euclide, sans songer seulement à lever un plan, nous lisons ce qui a été écrit sur les sociétés, & nous ne cherchons pas à traiter avec les hommes; nous répétons le langage de la politique, & nous ne nous appliquons pas à saisir l'esprit des nations; nous nous occupons des détails d'une discipline militaire, & nous n'apprenons pas à manier un corps d'hommes pour exécuter une entreprise, soit par la ruse, soit par la force ouverte.

Mais pourquoi, dira-t-on, mettre à découvert un mal auquel il n'y a point de remede ? Si les affaires nationales demandoient des efforts de génie, on verroit le génie se réveiller. Le tems qu'on donne à l'étude, au défaut d'occupation plus importante, quand il ne produiroit pas d'autre avantage, sert à occuper innocemment les momens de loisir & à mettre des bornes au goût des amusemens frivoles & ruineux. Voilà donc la grande raison pour laquelle on nous fait passer la plus grande partie de notre jeunesse sous la férule, à apprendre des choses qui seront oubliées aussi-tôt que nous aurons franchi le seuil de l'école; & comme nous portons dans nos études la même frivolité que dans nos amusemens, il arrive delà que le mépris des lettres seroit moins préjudiciable à l'esprit humain, que ne l'est cette fausse importance qu'on leur donne, en les regardant comme une affaire essentielle pour la vie, & non comme un secours pour régler notre conduite, & des moyens de former un caractere qui soit heureux en lui-même & utile aux autres.

Le temps qu'on passe à énerver les facultés de l'esprit & à écarter de lui tous les objets, excepté ceux qui tendent à l'affoiblir & à le corrompre, s'il étoit employé à le fortifier, à l'accoutumer à connoître ses forces & ses véritables objets, on ne nous verroit point dans l'âge mûr si embarrassés de trouver de l'occupation, perdre nos talens ou dissiper ce qui nous reste de feu & d'activité, à suivre les chances d'une table de jeu. Ceux au moins qui, par leur rang, ont part au gouvernement de leur pays, pourroient se croire capables d'affaires; &, tandis que l'état a ses armées & ses conseils, ils pourroient avoir assez de quoi s'amuser, sans exposer leur fortune au hasard, uniquement pour se souftraire aux ennuis d'une vie désœuvrée & inutile. Il est impossible de soutenir toujours le ton de la spéculation; il est impossible de ne pas sentir quelquefois que l'on vit parmi des hommes.

CHAPITRE VI.

Du Sentiment Moral.

Un coup d'œil superficiel sur ce qui se passe dans la vie, pourroit nous porter à croire que le soin de la subsistance est le principal mobile des actions humaines. C'est à lui que l'on doit l'invention & la pratique des arts méchaniques ; c'est lui qui met la différence entre les affaires & les plaisirs ; & dans plusieurs personnes, il domine au point de ne souffrir la concurrence d'aucun autre objet d'attention ou de desir. Dépouillez la fortune & la propriété de la valeur que leur prête la vanité ; ôtez-leur cet avantage plus précieux qu'elles tirent de leur liaison avec l'indépendance & le pouvoir, elles ne signifieront plus qu'une provision faite en vue des besoins physiques ; & si vous guérissez nos craintes sur cet article, vous verrez cesser & les travaux de l'artisan & les études du savant ; tous les départemens des affaires publiques deviendront inutiles ; les tribunaux & les conseils seront fermés, & les palais désertés.

L'homme, à cet égard, doit-il donc être rangé dans la classe des animaux ? ne differe-t-il d'eux, sur l'article de la subsistance, que par les facultés qui le mettent en état de multiplier les expédiens pour le soutien & les commodités de la vie animale, & par l'étendue de son imagination qui lui rend sa conservation plus onéreuse & plus difficile qu'aux troupeaux qui partagent avec lui les bienfaits de la nature ? Si cela étoit, la somme de ses passions devroit se réduire à la joie qui suit les succès, & aux chagrins que causent les pertes & les espérances trompées. Le torrent qui dévaste ses possessions, ou l'inondation qui les fertilise, produiroient en lui la même émotion qu'il ressent à l'occasion d'une injustice qui porte atteinte à sa fortune, ou d'un bienfait qui l'augmente & la consolide. Il ne considéreroit dans ses semblables que leur influence sur son intérêt. Le profit ou la perte seroient à ses yeux les seules marques distinctives des événemens; & les épithétes d'*utile* ou de *nuisible* lui serviroient à distinguer ceux avec qui il vit & traite dans la société, comme elles lui servent à distinguer l'arbre qui lui donne des fruits, de celui qui ne fait qu'embarrasser la terre ou intercepter sa vue.

Ce n'est donc point là l'histoire de notre espece. Ce qui nous vient de la part de nos semblables, excite en nous une attention particuliere & agit sur nous d'une toute autre maniere ; toutes les langues abondent en expressions qui signifient quelque chose dans les actions humaines qui n'a aucun rapport avec ce qu'elles ont d'heureux ou de fâcheux pour nous. Ne nous arrive-t-il pas tous les jours dans la société de prendre feu, quoique l'objet dont il s'agit n'ait rien en lui-même qui soit capable de nous enflammer ? le sujet le plus frivole devient important dès qu'il sert à mettre en évidence les intentions & le caractere des hommes. Cet étranger qui croyoit que la fureur d'Othello, sur le théâtre, venoit de ce qu'il avoit perdu son mouchoir, ne se trompoit pas plus que le raisonneur qui impute quelqu'une des passions humaines les plus impérieuses aux seules impressions du gain ou de la perte.

Des hommes s'assemblent pour délibérer sur une affaire ; ils sont exempts de toute rivalité d'intérêt ; mais du choc de leurs opinions, soit qu'ils soient amis ou ennemis, il jaillit un feu que les considérations de l'intérêt, de la sûreté même, ne peuvent étouffer. Le prix d'une faveur n'a plus de bornes, quand elle porte l'empreinte de la bonté d'ame, & le terme de *malheur* dit peu de chose, en comparaison des termes d'*injustice* ou d'*insulte*.

Soit comme acteurs, soit comme spectateurs, nous sommes à tout moment dans le cas de sentir des différences dans la conduite des hommes. Le simple récit d'événemens arrivés dans des siecles & des pays éloignés, produit en nous l'admiration & la pitié, ou l'indignation & la fureur. C'est cette sorte de sensibilité qui, dans la retraite, prête aux récits de l'histoire & aux fictions de la poësie, tous leurs charmes; c'est elle qui nous fait verser des larmes d'attendrissement; qui imprime au sang ce mouvement rapide, & à l'oeil ces expressions animées de déplaisir ou de joie. C'est elle qui fait de la vie humaine un spectacle intéressant, & sollicite sans cesse même le plus indolent à prendre parti, pour ou contre, dans les scènes qui se passent sous ses yeux. Cette sensibilité combinée avec la raison & la faculté de délibérer, constitue la base de la nature morale ; en nous dictant les termes d'éloge ou de b'âme, elle fait le partage de nos semblables, & leur assigne leur rang par des qualifications d'estime & d'honneur, de haine & de mépris.

C'est une chose assez plaisante de voir des hommes qui, dans la spéculation, nient l'existence des distinctions morales, oublier leurs principes dans le détail, employer le ridicule, admettre l'indignation & le mépris, comme si ces sentimens pouvoient avoir lieu, si les actions humaines étoient indifférentes; pleins de leur zele amer, ils prétendent démasquer la fraude qui a imposé aux hommes le joug de la morale, comme si démasquer une fraude, n'étoit pas prendre parti en faveur de la morale (a).

Pouvons-nous rendre raison de la préférence que nous donnons à certains caractères, & dire qu'est-ce qui produit en nous ces vives émotions de

---

(a) Mandeville.

mépris ou d'admiration ? Si on convient que nous ne le pouvons pas, les faits en font-ils moins certains ? & faudra-t-il suspendre les mouvemens de notre cœur, jusqu'à ce que ceux qui s'occupent à bâtir un système, ayent découvert le principe d'où procedent ces mouvemens ? Si votre doigt brûloit, vous amuseriez-vous à faire des recherches sur les propriétés du feu ? Lorsque le cœur est déchiré par la douleur, ou transporté par la joie, a-t-on le loisir de disserter sur la sensibilité morale ?

Ce qu'il y a d'heureux en ceci comme en beaucoup d'autres choses auxquelles on applique la théorie, & la spéculation, c'est que la nature poursuit son cours pendant que la curiosité s'occupe à rechercher les principes. Un enfant, un paysan raisonnent, jugent & parlent chacun leur langage avec un discernement, une suite, une justesse d'analogie, capables d'embarrasser le logicien, le moraliste, le grammairien, s'ils vouloient découvrir le principe sur lequel sont fondées ces opérations, & rapporter à des regles générales ces faits si familiers & si constans. Il faut en convenir, c'est au talent que nous avons pour le détail, & à l'inspiration du moment que nous sommes redevables de la rectitude de notre conduite, bien plus qu'aux lumieres que nous tirons de la théorie & des spéculations générales.

Dans toute espece de recherches, on rencontre nécessairement des faits dont il est impossible de rendre raison ; & souvent un moyen de s'épargner bien des peines infructueuses, seroit de se résigner à cette mortification. Il faut admettre, qu'avec le sentiment de notre existence, nous recevons, dans le même tems & de la même façon, plusieurs notions qui, dans la réalité, constituent notre maniere d'être. Tout paysan vous dira qu'un homme a ses droits ; que leur porter atteinte, est une injustice. Si vous lui demandez qu'est-ce qu'il entend par le mot de *droit*, vous le mettrez vraisemblablement dans le cas d'y substituer un autre terme moins expressif ou moins propre; ou bien vous lui demanderez compte de l'idée qu'il se forme en lui-même, ou du sentiment auquel il se réfère ultérieurement, lorsqu'il veut s'expliquer à lui-même sa maniere particuliere de s'exprimer.

Les droits des individus s'étendent à un grand nombre d'objets, & peuvent se renfermer sous différens chefs. Antérieurement à l'établissement de la propriété & de la distinction des rangs, l'homme a le droit de défendre sa personne & d'agir librement; il a le droit de soutenir les perceptions de sa raison & les sentimens de son cœur; il ne peut converser un moment avec un autre homme, qu'il ne sente intérieurement que le parti qu'il soutient, peut être juste ou injuste. Il n'est pas de mon sujet de suivre ici la définition du droit dans toutes ses applications, mais seulement de raisonner sur ce sentiment de prédilection avec lequel notre esprit s'entretient dans cette notion.

S'il est vrai que les hommes se réunissent par instinct; qu'ils agissent en société par des mouvemens de bienveillance & d'amitié; s'il est vrai qu'avant de se connoître, avant d'avoir contracté habitude ensemble, les hommes, comme tels, soient ordinairement les uns pour les autres des objets d'attention & d'égards; que la vue de leurs peines excite la compassion, tandis qu'on voit leur prospérité avec indifférence; si l'on mesure les calamités par le nombre & la qualité des personnes qu'elles enveloppent; si les souffrances d'un de nos semblables ne manquent pas d'attirer une foule de spectateurs attentifs; enfin, si nous avons de la répugnance à être les instrumens du malheur de ceux mêmes à qui nous ne voulons pas de bien habituellement; n'est-on pas en droit de regarder ces divers symptômes d'une disposition amicale, comme des fondemens suffisans pour établir la distinction morale, & conclure qu'en tout cela nous ne faisons qu'étendre à nos semblables le sentiment d'un droit que nous revendiquons pour nous-mêmes?

Qu'est-ce qui conduit notre langue, lorsque nous blâmons un acte de violence ou de cruauté? qu'est ce qui nous arrête & nous détourne de toute démarche qui tend à affliger nos semblables? N'est-ce point dans ces deux cas, une application particuliere du même principe qui nous fait verser des larmes de compassion à la vue d'une personne accablée de douleur? n'est-ce pas une combinaison de tous ces sentimens qui produit une disposition de bienveillance, & sinon une résolution de faire du bien, du moins une aversion à être l'instrument du mal (*a*).

Néanmoins, il seroit difficile de

(*a*) Les hommes, nous dit-on, sont dominés par l'intérêt, & cela est incontestablement vrai chez toutes les nations commerçantes: mais il ne s'ensuit pas que leur penchant naturel les faire une énumération exacte des motifs de toutes les espèces de censures & de louanges qui s'appliquent aux

éloigne de la société & d'une affection mutuelle: Il subsiste des preuves du contraire, même où l'intérêt a le plus d'empire. Que penser de la force de cette disposition à la compassion, à la bonté, à la bienveillance, quand on voit que, malgré l'opinion dominante que le bonheur consiste dans la possession de la plus grande quantité de richesses, de biens & d'honneurs, elle maintient encore une sorte d'amitié entre ceux qui se disputent ces avantages, & les porte à s'abstenir des moyens de parvenir à leurs fins, dès qu'ils s'apperçoivent qu'ils ne pourroient en faire usage, sans porter préjudice aux autres? Que ne pourroit-on pas attendre du cœur humain, dans un état de choses où les considérations de fortune n'auroient point d'influence, ou sous l'empire de l'opinion contraire; s'il étoit aussi généralement, aussi solidement établi que le bonheur consiste, non dans les jouissances des sens, mais dans celles d'une ame bienfaisante; non dans la fortune ou dans les objets de l'intérêt, mais dans le mépris de ces objets, dans le courage & la liberté que donne ce mépris, & dans une conduite ferme & réfléchie, dirigée vers le bien de l'humanité ou de la société particuliere, dont on est membre?

actions des hommes. Lors même que nous moralisons, tous les penchans divers du cœur humain peuvent influer sur nos jugemens & nos discours. De même que souvent la jalousie est la gardienne la plus vigilante de la chasteté, souvent aussi la méchanceté est l'espion le plus habile à découvrir les défauts d'autrui. L'envie, l'affectation, la vanité peuvent dicter nos décisions, & les principes les plus pervers de notre nature se cacher sous les dehors spécieux du zele. Mais si nous nous bornons à examiner pourquoi les personnes amies de l'humanité apperçoivent, en toute occasion, certains droits qui appartiennent à leurs semblables, & pourquoi elles applaudissent à la déférence que l'on a pour ces droits, peut-être ne pourrons-nous en donner de meilleure raison, sinon que les personnes qui y applaudissent veulent du bien aux parties à qui se rapportent leurs applaudissemens.

Si l'on considere combien on a
contesté

contesté à la nature humaine toute espèce de sentiment de bienveillance; & combien a prévalu le système de l'intérêt personnel & des passions qui l'accompagnent, telles que la jalousie, l'envie & la méchanceté; il doit paroître étrange que l'on ose encore avancer que l'amour & la pitié sont les plus puissans ressorts du cœur humain: il est certain cependant que dans plusieurs rencontres ces deux mobiles agissent avec la force la plus irrésistible; & s'ils sont moins uniformes & moins constans que le desir de notre conservation, ils sont aussi plus capables de produire l'enthousiasme, la satisfaction & la joie. Avec une impulsion égale à celle du ressentiment & de la fureur, ils nous portent à sacrifier nos intérêts les plus chers, & à affronter les obstacles & les périls les plus effrayans.

Cette disposition de l'ame, sur laquelle est entée la bienveillance, verse la douceur sur les momens de calme & de tranquillité; elle a des délices, non-seulement dans ses prospérités, mais encore dans ses afflictions. Elle répand de la grace sur tout l'extérieur, & par l'expression qu'elle donne à la phisionomie, elle tient lieu de la beauté même, & elle imprime un charme que ni la perfection des traits, ni l'éclat du teint ne peuvent égaler. C'est d'elle que les situations de la vie tirent ce qu'elles ont de plus touchant; & les imitations de la poësie, leur principal ornement. Les plus belles descriptions de la nature, les peintures mêmes d'une conduite ferme & d'un mâle courage, n'intéressent qu'autant qu'il y entre de la générosité, de la noblesse de sentimens, & du pathétique qui naît des alarmes, des triomphes ou des revers qu'éprouve une tendre affection. La mort de Politès, dans l'Enéide, n'a rien en elle-même de plus attendrissant que celle de tant d'autres princes qui périrent sous les ruines de Troyes; mais le vieux Priam est présent, & voit immoler le dernier de ses fils; les transports de la douleur & du désespoir arrachent de sa retraite ce pere infortuné, pour aller recevoir la mort de la même main qui vient de verser le sang de son fils. Le pathétique d'Homere consiste à rendre toute l'énergie des affections de l'ame, bien plus qu'à exciter la terreur & la compassion; mouvemens que, peut-être, en aucun endroit, il ne s'est proposé d'exciter.

Ce principe d'humanité, avec cette disposition à s'enflammer jusqu'à l'enthousiasme, avec cet empire sur le cœur & la satisfaction qui accompagne ses émotions, avec tous ses effets si propres à concilier l'estime & la confiance, est-il surprenant que ce soit lui qui donne le ton à nos éloges & à nos censures? que même, dans les cas où il ne peut être la regle de notre conduite, ce soit encore de lui que l'esprit, par la réflexion, emprunte ses notions pour juger de ce qu'il y a de désirable dans le caractere humain? *Qu'as-tu fait de*

E ij

ton frere Abel? fut la premiere réclamation en faveur de la morale; & si la premiere réponse a été souvent répétée, les hommes, en un sens, n'en ont pas moins reconnu suffisamment l'obligation imposée à leur nature; ils ont senti, parlé, agi même, comme se reconnoissant les gardiens de leurs semblables: ils ont établi les marques de bienveillance & d'affection mutuelle pour la pierre de touche de ce qui est aimable & méritoire dans le caractere des hommes: ils ont fait de la cruauté & de l'oppression les principaux objets de leur indignation & de leur fureur. Lors même que leur tête est remplie de projets d'intérêt, leur cœur souvent se laisse surprendre à l'amitié; & tandis que les affaires se traitent suivant les maximes de la conservation de soi-même, les heures de loisir sont consacrées à des actes de bienfaisance & de générosité.

Delà vient que la regle d'après laquelle on juge ordinairement des actions extérieures, est prise de l'influence supposée de ces actions sur le bien général. S'abstenir de faire du mal est la grande loi de la justice naturelle ; répandre le bonheur est la loi de la morale ; & quand nous blâmons une faveur conférée à un seul ou à un petit nombre d'individus aux dépens d'un plus grand nombre, nous envisageons l'utilité publique comme le grand but où doivent tendre les actions des hommes.

Quoique notre approbation & notre improbation, en fait de morale, partent d'un principe d'amour de l'humanité, il faut cependant avouer que quelquefois nous distribuons la louange ou le blâme sans examiner précisément ce qu'il y a à perdre ou gagner pour le bonheur de nos semblables ; il faut convenir aussi qu'outre l'affection, la bienveillance, la générosité & l'esprit public, vertus qui tiennent immédiatement à ce même principe, il en est d'autres que l'on pourroit croire tirer d'ailleurs leur mérite & leur prix. La tempérance, la prudence, le courage sont-elles aussi des qualités que nous admirions par un principe d'intérêt pour nos semblables? pourquoi non, puisqu'elles nous rendent heureux en nous-mêmes & utiles aux autres? Un homme fait pour contribuer au bonheur de l'humanité, ne peut être ni un sot, ni un insensé, ni un lâche. N'est-ce pas la preuve la plus claire que la tempérance, la prudence & le courage sont nécessaires pour former le caractere que nous aimons & que nous admirons? Je sais bien pourquoi je voudrois posséder moi-même ces qualités, & pourquoi je desire de les trouver dans mon ami, & dans tous ceux qui sont pour moi des objets d'affection. Mais à quoi bon nous mettre en peine de chercher des motifs d'approbation pour des qualités si essentielles à notre bonheur, & qui font une portion si considérable de la perfection de notre nature? Pour les dédaigner, il faudroit cesser de nous estimer nous-mêmes, & avoir perdu toute notion de ce qui est excellent,

Un homme sensible & affectueux, pénétré de cette maxime, qu'en qualité d'invidu, il n'est qu'une partie d'un tout qui exige tous ses égards, ne trouve-t-il pas dans ce principe la base de toutes les vertus? n'est-ce pas un motif suffisant pour lui faire rejetter les plaisirs des sens qui lui ôteroient ses plus cheres jouissances; & pour l'élever au-dessus des périls & des difficultés qui viennent traverser les démarches qu'il fait pour le bien public? « Une passion vive & for-
» te exagere son objet, & diminue les
» dangers & les obstacles qui se ren-
» contrent en son chemin ». Deman-
» dez à ceux qui ont aimé « dit Epicte-
» te » ils savent que je dis la vérité ».

« J'ai en moi-même « dit un autre
» moraliste (a) d'un mérite éminent »
» une idée de justice que je me croi-
» rois le plus heureux des hommes,
» de pouvoir suivre dans toutes les
» occasions ». Peut-être est-il de la plus

_____

(a) Lettres Persannes.

E iv

grande conséquence pour le bonheur aussi-bien que pour la conduite des hommes, (si ces deux choses n'étoient pas inséparables), d'avoir cette idée de justice bien conçue & bien développée: peut-être n'est-elle, sous un autre nom, que ce bien de l'humanité que cherchent les cœurs vertueux. Si la vertu est le bien suprême, le plus beau & le plus signalé de ses effets est de se communiquer & de se répandre.

Aimer ou haïr en conséquence des qualités morales reconnues, épouser un parti par un sentiment d'équité, s'élever contre un autre parti avec l'indignation qu'inspire l'injustice, ce sont les indications ordinaires de la probité, & les mouvemens d'un cœur droit, ardent & honnête. Se tenir en garde contre les préventions injustes, contre les antipathies mal-fondées; conserver cette égalité qui, en toute occasion, procéde avec pénétration & discernement, sans rien ôter à la chaleur &

à la sensibilité; ce sont les marques d'un cœur éclairé, ferme & exercé par la pratique du bien. Mais être capable de suivre les mouvemens d'un cœur ainsi disposé, dans toutes les circonstances de la vie, avec un empire constant sur soi-même, dans la prospérité & dans l'adversité; avec un libre usage de toutes ses facultés, de toutes ses ressources, lorsqu'il y va de la vie ou de la liberté, comme quand il ne s'agit que d'une simple discussion d'intérêt; voilà la véritable grandeur d'ame, & le triomphe de la magnanimité: « L'événement « de cette journée est décidé. Retire » maintenant ce javelot de mon sein » « dit Epaminondas » & laisse mon » sang couler ».

Dans quelle situation, à quelle école se forme cet étonnant caractere? est-ce au sein de la frivolité, de l'affectation, de la vanité où s'enfante la mode, où l'on ne préconise que le bon goût? est-ce au milieu de ces cités immenses & opulentes, où l'on se dispute la magnificence des équipages & des habits & la réputation de richesse ? est-ce enfin, au milieu de la pompe des cours, où l'on apprend à caresser sans affection, à rire sans plaisir, à blesser avec les traits secrets de l'envie & de la jalousie, & à s'ériger une importance personnelle par des moyens que souvent il est difficile de concilier avec l'honneur ? Non, c'est dans une situation où les grands sentimens du cœur sont mis en mouvement ; où le caractere des hommes, & non leur condition & leur fortune, constitue les principales distinctions ; où les sollicitudes de l'intérêt & de la vanité sont absorbées par de plus fortes émotions ; & où l'ame ayant rencontré & reconnu ses vrais objets comme l'animal qui a goûté le sang de sa proie, ne peut plus se rabaisser à des desirs qui laisseroient dans l'inertie ses talens & sa vigueur.

Il n'y a que les occasions propres à exercer des dispositions heureuses & élevées, qui soient capables de produire ce merveilleux effet; l'instruction toute seule laisse les hommes ou insensibles à ses préceptes, ou embarrassés à en faire l'application. Tout n'est pas cependant encore désespéré, jusqu'à ce que nous ayions formé nôtre systême de politique sur le modele de nos mœurs; que nous ayions vendu nôtre liberté pour des titres, de la magnificence & des distinctions; & que nous ne connoissions plus d'autre mérite que la prospérité & le pouvoir, ni d'autre malheur que la pauvreté & l'abandon. Quel genre d'instruction pourroit guérir des cœurs atteints d'un pareil mal? Quel charme seroit assez puissant pour réveiller l'amour de la liberté, lorsqu'il est réduit à passer pour défaut d'élévation & pour petitesse d'esprit? Et quel prodige d'éloquence parviendroit à transformer les grimaces de la politesse en vrais sentimens d'humanité & de bienveillance.

CHAPITRE VII.

Du Bonheur.

Après avoir considéré les facultés actives & les qualités morales de la nature humaine, il est encore nécessaire de traiter séparément de son bonheur. Ce mot énergique, si familier, si fréquent dans la conversation, est peut-être, si l'on y prend garde, celui qu'on entend le moins. Il sert à exprimer notre satisfaction, lorsque quelqu'un de nos desirs est satisfait : nous le prononçons en soupirant, lorsque l'objet de nos vœux est loin de nous : il désigne la chose que nous souhaitons d'obtenir, & que le plus souvent nous ne prenons pas la peine d'examiner. Nous estimons les choses à raison de leur utilité & de leur influence sur notre bonheur ; mais il ne nous vient pas dans l'esprit d'imaginer que ces mots utilité & bonheur puissent avoir besoin d'explication.

On regarde communément comme les hommes les plus heureux, ceux dont les desirs sont le plus souvent satisfaits. Cependant si le bonheur n'étoit réellement attaché qu'à la possession & à la jouissance continuelle de ce qu'on desire, la plus grande partie des hommes auroit raison de se plaindre de son lot. Leurs jouissances, comme on les appelle, ne sont que momentanées ; & l'objet de leurs vœux les plus ardens, dès qu'ils l'ont obtenu, cesse de les occuper : une passion nouvelle succede, & l'imagination, comme auparavant, se porte vers une félicité éloignée.

Combien de réflexions pareilles ne sont-elles point suggérées par la mélancholie ou par cette langueur & ce désœuvrement dans lesquels nous nous plongeons de gaieté de cœur, par un amour prétendu de la liberté & dans le dessein de nous affranchir des soins & des embarras de la vie.

Balancez, nous dit-on, la somme des peines & des plaisirs destinés aux mortels, c'est grand hasard, si vous ne trouvez pas que la peine par son intensité, par sa fréquence & sa durée l'emporte de beaucoup. Cette activité, cet empressement avec lequel nous précipitons nos jours, l'éloignement que nous sentons pour recommencer la carriere que nous avons fournie; l'aversion du vieillard pour les passe-temps de la jeunesse, & du jeune homme pour les jeux de l'enfance, ne sont-ce pas autant de preuves que le souvenir du passé & le sentiment du présent sont également des sujets de mécontentement & de déplaisir (a).

Cette conclusion cependant, ainsi que beaucoup d'autres tirées de nos prétendues connoissances des causes, ne s'accorde point du tout avec l'expérience. Parcourez nos villes & nos campagnes, le plus grand nombre

---
(a) Maupertuis, Essai de Morale.

des gens que vous rencontrerez, vous offriront l'aspect de la joie, ou d'une heureuse incurie, du calme ou de l'empressement & de l'activité. Le laboureur fatigué chante auprès de sa charrue; l'artisan dans son attelier, montre un visage satisfait; les esprits gais & tournés à la plaisanterie éprouvent une suite de sensations agréables, dont nous ne connoissons pas la source; ceux mêmes qui s'occupent à nous tracer le tableau des miseres humaines, oublient leurs peines en les écrivant, & trouvent une sorte de charme à prouver que l'homme est un être infortuné.

Les termes de *plaisir* & de *peine*, sont peut-être équivoques; mais si on les restreint, comme il arrive dans l'usage ordinaire, aux seules sensations qui ont rapport aux objets extérieurs, soit par le souvenir du passé, soit par le sentiment du présent ou la prévoyance de l'avenir; c'est une grande erreur d'imaginer que ces mots renferment tout ce qui constitue le bonheur ou le malheur; ou que le contentement de la vie commune soit l'effet de ces plaisirs qui ont leurs noms particuliers, & qui, à l'aide de la réflexion, occupent dans la mémoire une place distincte.

La plus grande partie de notre existence est employée à agir & non à réfléchir sur nos sensations; la liste de nos facultés, l'entendement, la mémoire, la prévoyance, le sentiment, la volonté, l'intention ne sont autre chose que différens termes qui spécifient nos différentes manieres d'agir.

Si nous pouvons être heureux ou malheureux, indépendamment de toutes ces sensations auxquelles nous donnons les noms de *jouissance* ou de *douleur*; si ce que nous appellons *plaisir* ou *peine*, n'occupe qu'une très-petite portion de notre vie, en comparaison de celle qui se passe à inventer & exécuter, à poursuivre, attendre, diriger, réfléchir, & à toutes les fonctions de la société; il faut en conclure que les objets d'activité, au moins en raison de la place qu'ils tiennent, méritent la plus grande partie de notre attention. Quand ces objets nous manquent, ce n'est pas du plaisir que nous demandons, c'est de l'occupation; & les plaintes de la douleur sont un signe de malheur moins certain, que les regards languissans de l'indolence.

Rarement cependant nous comptons au nombre des biens de la vie, la tâche que nous sommes obligés de remplir; nous portons toujours notre vue vers un temps de pure jouissance, vers le terme de nos travaux; & nous détournons nos regards de la véritable source de notre satisfaction actuelle. Demandez à l'homme occupé quel est le bonheur auquel il aspire? il vous répondra peut-être que c'est la réussite de quelqu'entreprise dont il est actuellement occupé. Si vous lui demandez encore, pourquoi il n'est pas malheureux en attendant le moment qui décidera de son sort ? il vous dira qu'il en est redevable à l'espérance de réussir. Mais l'espérance seule soutiendroit-elle son ame dans l'attente d'un événement incertain & précaire ? & l'assurance même du succès, pourroit-elle lui donner de plus agréables émotions que celles qu'il éprouve pendant l'intervalle de l'attente ? Donnez au chasseur le gibier qu'il poursuit, au joueur l'argent qu'il veut gagner, sans que l'un ait besoin de fatiguer son corps, & l'autre de tourmenter son ame, tous deux riront également de votre folie : l'un remettra sa fortune au hasard, afin d'éprouver les agitations de l'incertitude ; l'autre lâchera le cerf dans la plaine, afin d'entendre l'aboi des chiens, & d'avoir des périls & des fatigues à braver. Otez aux hommes leurs occupations, satisfaites leurs desirs, la vie devient pour eux un fardeau, & la mémoire un tourment.

de la Société Civile. 115

« Les hommes de ce pays devroient
» bien apprendre à coudre & à tri-
» cotter, disoit une dame; leur dé-
» fœuvrement ne seroit plus à charge
» ni à eux-mêmes, ni aux autres. Cela
» est vrai, reprit une autre; car,
» quoique je ne sorte jamais, je trem-
» ble toutes les fois que je prévois
» du mauvais tems; parce qu'alors
» tous ces hommes viennent en bâil-
» lant auprès de nous, pour être amu-
» sés; & je ne connois pas de specta-
» cle plus attristant que la vue d'un
» mari ennuyé ».

Lorsque nous combinons un plan,
que nous l'exécutons, & que nous
éprouvons les émotions que produit
le sentiment de nos forces & le desir
du succès, notre ame semble se développer & jouir d'elle-même. Que
l'objet soit important ou non, c'est
toujours les mêmes efforts, la même
contention; soit jeu, soit affaire,
l'intérêt est égal. Nous ne desirons
du repos que pour réparer nos forces trop tôt épuisées. Quelquefois

l'amusement n'est qu'un changement d'occupations. Lors même que nous nous plaignons, ce n'est pas toujours que nous soyions malheureux : il y a une sorte d'affliction qui est pour l'ame une situation agréable ; & les larmes elles-mêmes sont quelquefois l'expression du plaisir. Les peintres & les poëtes connoissent bien ce ressort ; ils ont souvent éprouvé qu'un des plus sûrs moyens de nous intéresser est de réveiller en nous des sensations douloureuses.

Pour une être de cette espèce, la chose la plus heureuse, est de trouver dans la crainte de la peine, & dans l'attrait du plaisir, un aiguillon qui le tienne sans cesse en action. Le mouvement est bien plus important pour lui que le plaisir qui en est l'objet, & l'indolence un mal bien plus réel que la douleur qu'elle prétend éviter.

Les plaisirs des sens sont de courte durée, & la sensualité n'est qu'une maladie de l'ame que les souvenirs auroient bientôt guérie, si elle n'étoit continuellement irritée par l'espérance. La chasse finit moins sûrement par la mort du gibier, que les plaisirs du voluptueux par la jouissance complette. Les objets qui flattent les sens entrent essentiellement dans le système de la vie humaine, mais seulement comme un lien de plus dans la société, comme un terme éloigné où tendent nos travaux. Ils nous portent à seconder le vœu de la nature pour la conservation de l'individu, & la perpétuité de l'espece : mais en faire le principal fondement de la félicité humaine, ce seroit une erreur dans la spéculation, & une erreur plus grande encore dans la pratique. Voyez ce fier Sultan pour qui tous les trésors de l'empire sont arrachés des mains de ses sujets tremblans ; pour qui l'on tire des entrailles de la terre l'émeraude la plus choisie ; le diamant le plus précieux ; l'air qu'il respire est chargé des parfums les plus exquis ; des grilles de fer renferment pour son usage les beautés de toutes les parties du monde ; leurs sens sont embrasés de tous les feux du midi ; au milieu de toutes ces délices, peut-être est-il plus misérable que ce troupeau d'esclaves dont les biens & les sueurs sont prodigués pour écarter de lui l'ennui, & lui procurer du plaisir.

Tout ce qui peut occuper un esprit actif, suffit pour réprimer le goût immodéré du plaisir. Que la curiosité s'éveille, qu'une passion soit excitée, que la conversation s'anime, qu'elle prenne un tour sérieux ou enjoué, fût-ce au milieu d'un repas somptueux, bientôt les plaisirs de la table sont oubliés ; le jeune homme les quitte pour le jeu ; l'homme fait les quitte pour les affaires.

En rassemblant les divers articles qui répondent à la nature de tout animal & à celle de l'homme en particulier, tels que la sûreté, la nourriture, le vêtement & les autres moyens de jouir & de se conserver, on croit communément avoir trouvé la vraie & solide base de la félicité. Mais, sans être porté à moraliser, il est aisé de voir que le bonheur n'est pas attaché à la fortune, quoiqu'elle fournisse tout-à-la-fois & les moyens de subsistance & les alimens de la sensualité. Les conjonctures qui exigent du courage, de la conduite, de la tempérance, qui nous exposent à des hasards, sont comptées parmi les maux qui affligent notre espece; cependant les hommes braves, habiles, entreprenans, semblent triompher lorsqu'ils se voyent environnés d'obstacles & de difficultés, & qu'ils sont forcés de déployer toutes les ressources qu'ils possédent.

On dit à Spinola que le Chevalier de Véré étoit mort, faute d'avoir rien à faire; c'en est bien assez, répondit-il, pour tuer un guerrier (a). Combien d'hommes pour qui la guerre

―――――――――――
(a) Vie de Lord Herbert.

est un passe-temps, & qui embrassent par choix l'état de soldat, malgré les périls & les fatigues continuelles auxquelles il expose ? Combien d'autres qui préférent de passer leurs jours sur mer, où il faut lutter sans cesse contre les plus fâcheux hasards, & supporter des privations de toute espece ? Ne voyons-nous pas le politique se plaire au milieu des cabales & des factions; & plutôt que de rester oisif, se charger des affaires d'hommes ou de nations qui ne l'intéressent en aucune maniere ? Le soldat, le navigateur, le politique préferent-ils en effet la peine aux plaisirs ? non : mais cette inquiétude secrete qui nous rend ennemis du repos, les pousse à exercer sans cesse leur habileté & leur courage ; ils se plaisent au milieu des difficultés, & tombent dans la langueur & l'anéantissement, dès que les occasions manquent à leur activité.

Qu'étoit-ce que le plaisir, au sentiment de ce jeune homme dont parle

parle Tacite, qui aimoit le péril pour le péril même, sans songer aux récompenses de la bravoure ? Quel plaisir se promettent le chasseur & le guerrier, quand le son du cors ou de la trompette, l'aboi des chiens ou le bruit des armes réveillent au fond de leur cœur la passion de la chasse ou des combats ? Les occasions de la vie les plus propres à nous remuer sont celles qui nous annoncent le danger & la détresse, & non celles qui nous invitent à la sécurité & au bien-être : & l'homme, considéré dans toute son excellence, n'est point un animal destiné au plaisir & à jouir uniquement de ce que les élémens fournissent à son usage ; il est fait, de même que les autres especes, de même que son chien & son cheval, pour se livrer aux exercices conformes à sa nature, préférablement à ce qu'on appelle ses jouissances ; il s'abâtardit au sein de l'abondance & de la mollesse, & brille au milieu des alarmes qui semblent menacer son être. En tout cela, son penchant pour l'action ne fait que se combiner avec les différentes facultés dont il est pourvu ; & ses attributs les plus respectables, la magnanimité, le courage & la sagesse ont une correspondance manifeste avec les divers besoins auxquels il peut être exposé.

Si les plaisirs des sens deviennent insipides, quand l'esprit est éveillé par quelque objet d'une nature différente, il n'est pas moins certain que le sentiment de la douleur peut être étouffé par les violentes affections de l'ame. Une blessure reçue dans la chaleur de la passion, dans le tumulte & la confusion d'une bataille, ne se fait sentir que lorsque le calme a succédé à l'agitation. Une ame fortement préoccupée par quelque sentiment vigoureux, soit d'enthousiasme, soit de Réligion ou d'amour de l'humanité, supportera avec constance, même avec un air de contentement, les tortures administrées avec dessein,

& prolongées avec art. Les mortifications continuelles des superstitieux, dans les différens siecles du christianisme ; les pénitences extravagantes que s'imposent volontairement, pendant plusieurs années, les prêtres de l'Orient ; le mépris des nations sauvages pour la faim & les tourmens; la gaieté & la patience obstinée du soldat pendant une campagne laborieuse ; les pénibles amusemens du chasseur, nous montrent combien nous pouvons nous tromper dans le calcul des maux de la vie, lorsque nous prenons pour regle les apparences & notre imagination. Si c'est un raffinement de prétendre que le bonheur de ces différentes especes d'hommes ne doit pas être estimé d'après les jouissances contraires, c'est un raffinement qui fut connu des Regulus & des Cincinnatus, long-temps avant la naissance de la Philosophie; c'est un raffinement que connoissent les enfans dans leurs jeux, & que nous voyons dans les sauvages, lorsque du fond de leurs forêts ils regardent avec dédain nos cités paisibles & nos plantations, dont ils n'ont garde d'imiter les possesseurs.

Il faut l'avouer cependant, malgré cette activité, le sort de l'homme est celui de l'animal dans toute la rigueur du terme. Lorsque son corps est languissant, son esprit s'affaisse; & son ame s'envole dès que son sang cesse de couler. En le chargeant du soin de sa conservation, la nature ne s'en fie pas à sa seule vigilance, ni à la direction de ses réflexions incertaines; elle a commis à sa garde cette terreur d'instinct que la mort inspire; & lui a donné le sentiment du plaisir & de la douleur, pour l'avertir de tout ce qui intéresse son organisation.

La distinction de l'ame & du corps entraîne des conséquences de la plus grande importance; mais les faits auxquels nous nous attachons, sont indépendans de tout système. Ils sont également vrais, soit qu'on admette ou qu'on rejette cette distinction;

soit que cet agent animé soit formé d'une seule nature, ou qu'il soit un composé de plusieurs natures distinctes. Le matérialisme, en regardant l'homme comme une machine, ne peut rien changer à son histoire. C'est un être qui remplit diverses fonctions par une multiplicité d'organes visibles. Notre œil apperçoit le jeu des ressorts ; ses muscles s'étendent ou se contractent ; son cœur bat dans sa poitrine, & son sang circule dans toutes les parties de son corps. Mais il exécute aussi d'autres opérations qu'on ne peut rapporter à aucun organe corporel. Il apperçoit, se souvient, prévoit, désire & rejette ; il admire & méprise. Il jouit de ses plaisirs & souffre de ses peines. Toutes ces opérations diverses sont toujours, soit en bien, soit en mal, dans une sorte d'unisson : si le mouvement du sang est lent & les muscles relâchés, l'intelligence est tardive & l'imagination paresseuse : lorsqu'il est assailli par la maladie, le médecin ne doit pas être moins attentif au cours de ses idées, qu'à son régime; il doit observer ses accès de passion aussi-bien que les battemens de son poulx.

Avec toutes ces précautions, avec cette sagacité & cet instinct qui veillent à notre conservation, nous partageons la destinée des autres animaux, & l'on diroit que nous n'avons été formés que pour mourir. Des milliers de nos semblables périssent avant d'avoir atteint la perfection de leur espece; l'individu ayant à son choix les moyens de prolonger son existence momentanée, il dépend de lui d'y pourvoir par l'intrépidité & la bonne conduite, ou en se dégradant par la frayeur, & souvent il choisit ce dernier parti, & contractant l'habitude de la pusillanimité, il remplit d'amertumes cette vie qu'il veut conserver.

Quelquefois cependant il s'affranchit de ce joug humiliant, & semble oublier qu'il doit finir. Lorsque ses idées ou ses desirs sont exaltés, en vain le plaisir ou la douleur viendroient l'assaillir d'une autre part. Même au moment d'expirer, la chaleur de l'esprit ranime le jeu des muscles, l'ame semble ne vouloir se séparer qu'en déployant toute sa vigueur, & fait un dernier effort pour obtenir le prix actuel qu'elle ambitionne. Muley Moluck prêt de rendre le dernier soupir, se fait porter en litiere au milieu de la bataille, il recueille ses forces & porte son doigt sur ses lévres, pour avertir qu'on tienne sa mort cachée, précaution peut-être, de toutes celles qu'il avoit prises, la plus nécessaire pour empêcher sa défaite.

Je ne sais si, à l'aide de la réflexion, il ne seroit pas possible de contracter l'habitude de cette fermeté d'ame si nécessaire dans un grand nombre des événemens de la vie? si on prétend que non, il n'en sera pas moins vrai que c'est une des qualités les plus désirables. Chez les Grecs & les Romains, le mépris des plaisirs, la constance dans la douleur & l'indifférence pour la vie étoient regardés comme les plus éminentes qualités, & faisoient un des principaux objets de l'éducation. Ils étoient persuadés qu'une ame ferme ne manquoit jamais d'occasions dignes de sa vigueur, & que pour inspirer cette mâle résolution qui fait rechercher ces occasions, le premier point étoit d'étouffer dans les cœurs tout sentiment de foiblesse & de timidité.

En général, les hommes cherchent les occasions de déployer leur courage, & souvent, dans la vue de se faire admirer, ils offrent un spectacle capable de remplir d'horreur ceux qui ont cessé d'estimer l'intrépidité par rapport à elle-même. Scevola tient son bras étendu sur un brasier ardent, pour frapper de terreur l'ame de Porsenna. Le sauvage endurcit son corps aux tourmens, afin de pouvoir dans l'occasion braver son ennemi. Le Musulman se fait des plaies cruelles pour toucher le cœur de sa maîtresse, & tout dégoûtant de sang, il se présente gaiement devant elle, pour lui montrer qu'il est digne de son estime (a).

Des nations entieres s'infligent volontairement des peines, & poussent ce jeu singulier jusqu'à la cruauté ou l'extravagance ; d'autres regardent la douleur comme le plus grand des maux, & dans le trouble qu'elle produit en elles, aggravent leurs souffrances réelles par les terreurs d'une imagination foible & pusillanime. Nous ne nous engageons pas à rendre raison de ces caprices divers, ni à donner une estimation de la force & des foiblesses humaines, d'après les coutumes & les opinions particulieres à chaque âge & à chaque pays.

(a) Lettres de Lady W—y Montaigue.

CHAPITRE VIII.

Continuation du même sujet.

QUICONQUE aura comparé les divers états des hommes, leurs mœurs diverses, sous les diverses influences de l'éducation & de la fortune, sera bien convaincu que la situation seule ne constitue point le bonheur ou le malheur; & que la diversité dans les usages, dans la conduite extérieure, ne prouvent point qu'ils ayent des opinions opposées sur l'article de la morale. Ils expriment, il est vrai, leur bienveillance ou leur aversion par des actes différens; mais c'est cette bienveillance & cette aversion qui font les points principaux à observer dans la vie humaine. Ils se fixent dans des conditions différentes ; ils s'attachent à des objets différens ; mais c'est toujours à peu-près les mêmes passions qui les font agir. Il n'y a pas de mesure précise pour les commodités nécessaires à leur bien-être, ni de degrés positifs de sûreté ou de danger qui constituent une situation à laquelle ils soient spécialement destinés. Le courage & la générosité, la crainte & l'envie n'appartiennent à aucun état en particulier ; & il n'y a aucune position dans laquelle quelque individu n'ait manifesté autant qu'il étoit possible, suivant les circonstances, les talens & les vertus de son espece.

Quelle est donc cette chose mystérieuse qu'on appelle *le bonheur*, s'il peut se trouver par-tout, & dans tant de positions si différentes, & si les mêmes circonstances qui le produisent chez un peuple ou dans un certain période, ne sont d'aucun effet chez un autre peuple, ou dans un autre temps, & peuvent même le détruire ? Le ferons-nous consister dans la succession des plaisirs purement physiques ? ces plaisirs, si

F vj

vous en séparez les occupations qu'ils donnent, & les liaisons qu'ils servent à former, ne remplissent que peu de momens dans la durée de la vie ; leur fréquent usage est bientôt suivi du dégoût & de la satiété ; leur excès détruit le tempérament ; & semblables aux éclairs qui brillent dans la nuit, ils ne font que rendre plus épaisses les ténébres qu'ils interrompent par instans. Le bonheur n'est pas non plus dans cet état de repos imaginaire, dans cette situation dégagée de tout soin, dont la perspective, dans le lointain, est si souvent le but auquel nous aspirons, & qui en réalité ne produit qu'ennui & langueur, fléaux plus insupportables que la peine réelle. Si nos observations sur ce point sont justes, le bonheur réside moins dans la possession des objets de nos desirs que dans les mouvemens que nous nous donnons pour les obtenir ; & quelques changemens de situation que nous éprouvions, même dans le cours d'une vie remplie de prospérités, notre bonheur dépend bien plus de l'usage que nous aurons occasion de faire de nos facultés, que des circonstances dans lesquelles nous serons placés, des matériaux que nous aurons en main, & des instrumens dont nous serons pourvus.

Si cela est vrai à l'égard des objets de désirs que l'on distingue par le nom d'*amusemens*, & qui occupent la plus grande partie de la vie de ceux qu'on regarde communément comme les plus heureux, il l'est encore beaucoup plus qu'on ne le soupçonne, à l'égard d'un grand nombre d'affaires dans lesquelles on suppose que l'avantage le plus précieux est dans la fin qu'on se propose, & non dans l'occupation qu'elles donnent.

L'avare lui-même, nous dit-on, peut quelquefois trouver des charmes dans les soins inquiets qu'il prend de sa fortune, & défier son héritier d'avoir plus de plaisir à dissiper ses trésors, qu'il n'en a à les amasser. Comcentré tout entier dans l'objet qu'il a choisi pour son lot, s'il est pourvu d'une dose suffisante d'indifférence pour la conduite des autres, sur-tout s'il a pu dompter en lui-même les passions de l'envie & de la jalousie, tourmens ordinaires des ames avides, qu'est-ce qui nous empêcheroit de le croire plus heureux que le dissipateur, & même aussi heureux que l'amateur des arts, le savant, l'homme de goût, & que toute cette classe d'hommes qui trouvent moyen d'occuper innocemment leur loisir ? Leurs acquisitions, leurs progrès, leurs productions mêmes, leur sont peut-être aussi inutiles qu'une bourse l'est à l'avare, ou des jetrons à des gens qui jouent des jeux d'adresse ou de hasard, pour le seul amusement & sans aucun intérêt.

Nous nous dégoûtons promptement des amusemens qui ne participent point à la nature des affaires, c'est-à-dire, qui n'intéressent point quelque passion, ou ne nous donnent point un exercice proportionné à nos talens & à nos facultés. La chasse & le jeu ont leurs risques & leurs difficultés qui éveillent & occupent l'ame. Tous les jeux qui exigent de la combinaison ou de la contention d'esprit, piquent notre amour propre & nous attachent par un vif intérêt. Le géometre ne se plaît qu'à résoudre les problêmes les plus difficiles; & le Jurisconsulte à aiguiser sa subtilité par les questions les plus compliquées.

L'activité, comme tous les autres goûts naturels, peut être portée à l'excès; l'homme fait débauche d'amusémens, aussi-bien que de vin & de liqueurs enyvrantes. D'abord un modique enjeu suffit pour intéresser la passion du joueur, & lui donner du plaisir; mais bientôt la dose lui devient familiere, & cesse de produire son effet; il faut un plus gros risque, un plus puissant intérêt pour réveiller son attention; il est entraîné par degrés; le plaisir qu'il cherche, il ne peut plus le trouver que dans les mouvemens d'anxiété, d'espérance & de crainte qui résultent du hasard auquel il expose à la fin toute sa fortune.

Si donc les hommes donnent à leurs amusemens un tour plus sérieux & plus intéressant qu'à leurs affaires mêmes, pourquoi ne choisiroient-ils pas pour amusemens les affaires & la plupart des occupations de la vie, en les envisageant seulement comme des passe-tems, & sans avoir égard à leurs conséquences & à leurs suites éloignées ? C'est peut-être à cette maniere d'envisager les choses que certains caracteres sont redevables de ce contentement & de cette gaieté inaltérables, sans que la réflexion y ait aucune part ; peut-être est-ce là qu'il faut aller puiser la fermeté d'ame, plutôt que dans les conseils de la raison ; peut-être enfin que le plus sûr moyen de nous assurer le bonheur est de nous proposer pour amusement un système particulier

de conduite, & de considérer la vie, dans sa totalité ainsi que dans ses détails, comme un théâtre où l'esprit & le cœur doivent être exercés perpétuellement. « Je veux tout ten-
» ter, disoit Brutus, & je ne cesserai
» jamais de faire tous mes efforts
» pour tirer ma patrie de cet indigne
» esclavage ; si le sort m'est favora-
» ble, ce sera un sujet de joie pour
» nous tous ; s'il m'est contraire, il
» me restera encore quelque satisfac-
» tion ». Et quelle satisfaction reste-t-il à celui dont l'événement a détruit les espérances ? Comment ne pas tomber dans l'abattement, quand on voit la patrie dans les fers ? Seroit-ce parce que la tristesse & l'abattement ne servent à rien ? non, mais il faut savoir les supporter dans l'occasion. Eh ! d'où me viendroient la tristesse & l'abattement ? répondroit le Romain ; j'ai suivi les mouvemens de mon cœur, & je puis les suivre encore. Que les événemens changent le lieu de la scène où je

suis destiné à agir, jamais ils ne m'empêcheront d'y jouer le rôle d'un homme : qu'on me place dans une situation où je ne puisse ni agir ni mourir, c'est alors seulement que je me croirai vraiment malheureux.

Quand on a assez de force d'esprit pour envisager tranquillement la vie sous ce point de vue, il ne reste plus qu'à bien choisir ses occupations, pour s'assurer invariablement ce contentement intérieur, & cette liberté d'ame qui constituent vraisemblablement la sorte de félicité à laquelle est destinée notre nature.

Les dispositions de l'homme, par conséquent ses occupations se divisent communément en deux classes principales, en personnelles & en sociales. Les premieres ont lieu dans la retraite ; & si elles ont quelque rapport au reste des hommes, c'est par l'émulation, la concurrence & l'inimitié. Les autres nous portent à vivre avec nos semblables, à leur faire du bien ; elles tendent à unir plus étroitement les membres de la société ; à établir entr'eux la participation mutuelle des soins & des plaisirs ; & à leur faire trouver dans la présence des hommes un sujet de satisfaction. Il faut placer dans cette classe le penchant des deux sexes l'un pour l'autre, l'amour paternel & filial, l'amour général de l'humanité & les affections particulieres, sur-tout cette disposition habituelle de l'ame qui fait que nous ne nous considérons nous-mêmes que comme une partie d'une communauté chérie, & comme des membres individuels d'une société dont le bonheur général doit être l'objet principal de nos vœux & la plus grande regle de notre conduite. Cette disposition est un principe de bienveillance qui n'admet ni bornes, ni distinctions partielles ; elle s'étend au-delà de ce que nous connoissons, & nous met en liaison, du moins par la pensée, avec tout l'univers, avec la création toute entiere. « Vous a-

» mez la cité bâtie par Cecrops »
« difoit Antonin » & pourquoi n'aimeriez-vous pas la cité de Dieu » ?

Le cœur n'éprouve point d'émotion qui foit indifférente ; c'eft, ou mouvement de vivacité, de joie, ou impreffion de triftefse ; tranfport de plaifir, ou convulfion de douleur : ces différentes paffions, leur action ainfi que leurs effets, font également de la plus grande importance pour notre bonheur ou notre malheur.

L'individu eft chargé du foin de fa confervation animale. Il peut exifter dans la folitude ; il peut, loin de la fociété, faire ufage de fes fens, de fon imagination & de fa raifon : c'eft même le bon ufage de ces facultés qui fait tout le charme de ce genre de vie ; tous les exercices naturels qui fe rapportent à lui-même, auffi-bien que ceux qui ont rapport à fes femblables, non-feulement font exempts de toute fuite fâcheufe, mais ils font accompagnés de plaifirs réels, & rempliffent les momens de la vie par une occupation agréable.

Il y a cependant un degré où l'on suppose que l'amour de nous-mêmes devient une source d'anxiété pénible, & de passions cruelles ; c'est lorsqu'il dégénere en avarice, en orgueil, en vanité ; lorsqu'en fomentant en nous l'habitude de l'envie & de la jalousie, de la crainte & de la méchanceté, il est aussi funeste à nos jouissances, qu'il est contraire au bonheur de la société. C'est mal-à-propos cependant que l'on impute ce mal à un excès d'amour de nous-mêmes : il ne vient que d'une méprise dans le choix des objets de nos affections. Nous cherchons hors de nous un bonheur qui ne peut se trouver que dans les qualités du cœur : nous nous croyons à la merci des événemens, & delà résultent nos perpléxités & nos inquiétudes : nous nous croyons dépendans du caprice & de la volonté des autres hommes, & cette idée nous rend timides & serviles : nous croyons que la félicité réside dans des objets à l'égard desquels nous avons nos semblables pour compétiteurs & pour rivaux ; & il arrive qu'en courant après le bonheur, nous ne rencontrons qu'émulation, envie, haine, animosité & vengeance, mouvemens qui nous font éprouver le comble du malheur. En un mot, nous agissons, comme si, pour assurer notre conservation, il falloit entretenir notre foiblesse, & perpétuer nos souffrances. Les tourmens d'une imagination malade & d'un cœur corrompu, nous les mettons sur le compte de nos semblables que nous rendons responsables de nos espérances trompées, de nos disgraces & de notre propre perversité ; & tandis que nous sommes nous-mêmes les artisans de notre infortune, nous ne concevons pas comment l'amour de nous-mêmes peut avoir d'aussi fâcheux effets. Pour éviter ces inconvéniens, pour ne trouver dans l'amour de soi-même

de la Société Civile. 143

que des sujets de satisfaction & de joie, il ne faut que se rappeller que la nature nous a faits des êtres raisonnables, membres d'une même société, & que le principal article de notre conservation est de conserver notre raison & les sentimens honnêtes de notre cœur.

En voulant prouver que la vertu est désintéressée, on n'a fait que nuire à sa cause. Pourquoi diviser nos penchans en penchans personnels & en penchans de bienveillance ? cette distinction n'a pas peu contribué à égarer nos idées touchant la jouissance personnelle & le bien particulier. « La » satisfaction d'un desir personnel » nous procure à nous-mêmes de l'a- » vantage ou du plaisir ; la satisfac- » tion d'un desir de bienveillance en » procure aux autres ». C'est ainsi qu'on définit ces deux especes : mais en effet la satisfaction de tout desir n'est-elle pas une véritable jouissance personnelle, & le prix de cette jouissance n'est-il pas proportionné à la qualité particuliere & à la force du sentiment qui nous anime? Il peut arriver que nous soyons bien plus heureux par le bien que nous avons procuré à un autre, que par celui qui nous arrive à nous-mêmes.

S'il est vrai que les plaisirs qui naissent de la bienveillance nous soient aussi personnels que ceux qui nous viennent de quelque desir que ce soit, l'exercice de cette disposition doit donc être regardé, à bien des égards, comme la principale source du bonheur. Tout acte de bonté ou d'attention de la part des parens pour leurs enfans, toute émotion du cœur soit en amour, soit en amitié, le zele du bien public, l'enthousiasme de l'humanité, sont de véritables jouissances; la pitié elle-même & la compassion, le chagrin même & la tristesse lorsqu'ils naissent de la sensibilité, participent à la nature du sentiment qui les a fait naître; & s'ils ne sont pas positivement des plaisirs, au moins sont-ils des

des peines d'une espece particuliere, que souvent on ne consentiroit à échanger que contre la satisfaction de secourir la personne qui en est l'objet. Aussi les excès mêmes en ce genre d'affections ne traînent-ils jamais après eux ces anxiétés cruelles, ces jalousies, ces frayeurs qui déchirent les ames intéressées, & qui accompagnent toujours la haine, l'envie & la méchanceté; & s'il arrivoit, en effet, que l'amour de nos semblables parût produire en nous quelque passion fâcheuse, soyons alors bien assurés que nous nous abusons sur l'espece du sentiment qui nous occupe, & que ce prétendu amour de nos semblables n'est ni pur ni véritable. Dès que nous éprouvons des défiances, des jalousies, c'est une preuve certaine que le mobile qui nous meut n'est autre chose qu'un retour sur nous-mêmes, un desir de fixer l'attention sur nous, & d'obtenir de la considération, motifs les plus ordinaires qui nous portent à entrer en liaison avec nos semblables, & auxquels nous sommes presque toujours prêts à sacrifier leur bonheur. Alors les hommes ne sont plus les objets de notre bienveillance & de notre amour, mais les instrumens de nos plaisirs & de notre vanité.

Une ame possédée par la passion de la bienveillance n'a pas besoin de courir après les amusemens & les plaisirs, qu'un dégoût éternel rend nécessaires aux mauvais coeurs; l'objet qui l'occupe est capable de remplir tous les momens de la vie. Les vertus lui coûtent peu : la tempérance est facile à qui préfere les jouissances du coeur à celles des sens; & le courage est inséparable de cette chaleur d'ame qui en société, en amitié, & dans la conduite publique, nous fait oublier tout sujet de crainte & d'inquiétude personnelle, pour nous fixer irrévocablement à l'objet de notre zele ou de notre affection, & nous fait braver les petits inconvéniens, les dangers, les traverses que nous pouvons rencontrer dans le cours de nos démarches.

Delà il s'ensuivroit que le bonheur de l'homme consiste à établir ses affections sociales pour mobile & pour regle de sa conduite, & à se regarder comme la partie d'un tout, dont le bien général doit l'intéresser vivement, jusqu'à lui faire étouffer ces considérations personnelles qui enfantent les craintes, les alarmes, l'envie & la jalousie. M. Pope a exprimé la même idée d'une maniere bien ingénieuse : « L'homme, » pour vivre, a besoin de soutien, » dit-il ; semblable à la vigne géné- » reuse, c'est des nœuds dont il s'u- » nit aux autres qu'il tire toute sa » force ».

« Man, like the generous vine, supported
» lives;
» The strengthhe gains, is from th'embrace
» he gives ».

Ce principe peut s'appliquer à

toute la nature ; aimer, c'est jouir ; haïr, c'est souffrir.

Si les affections sociales tendent au bien de l'humanité, elles tendent aussi à celui des individus. La vertu ne nous impose pas l'obligation de procurer aux autres des avantages auxquels nous ne participions pas nous-mêmes ; elle entend que nous jouissions nous-mêmes, dans le plus haut degré, de cet état de félicité qu'elle exige que nous nous efforcions de procurer au monde.

Suivant les notions communes, faire du bien est un devoir ; en recevoir est un bonheur : mais si le bonheur humain réside dans la bienfaisance & dans la fermeté d'ame, il s'ensuit que le bien qu'on fait produit infailliblement le sentiment du bonheur dans celui qui le fait, au lieu qu'il ne le produit pas toujours dans celui qui le reçoit ; il s'ensuit aussi que le plus grand bien que puissent faire à leurs semblables les personnes douées d'un caractere ferme &

bienfaisant, c'est de leur communiquer cet heureux caractere. « Voulez-vous, dit Epictete, rendre le plus grand service à votre Ville, mettez vos soins, non pas à élever de superbes édifices, mais à exalter l'ame de vos concitoyens ; j'aime bien mieux de grandes ames logées dans de petites maisons, que de vils esclaves rampans dans de magnifiques palais ».

Pour un cœur bienveillant, le bonheur d'autrui est un sujet de joie ; la seule existence dans un monde gouverné par la sagesse divine, lui paroît un bienfait. Affranchi des soins qui engendrent la pusillanimité & la bassesse, il est calme, il est plein d'activité, de confiance, d'intrépidité, toujours prêt à entreprendre, & à déployer tous les talens qui font l'ornement de la nature humaine.

C'est sur cette base qu'étoit fondé ce merveilleux caractere qui distingua les nations célèbres de l'antiquité, durant un certain période de

G iij

leur histoire, & qui rendit si communs dans leurs mœurs les exemples de magnanimité ; ces exemples devenus rares, sous des gouvernemens moins favorables aux affections publiques, loin de les suivre, on les comprend à peine ; ils ne sont plus que les sujets d'une admiration stérile, & les lieux communs d'une vaine éloquence. « Ainsi mourut » Thrasibule qui paroît avoir été réel- » lement un excellent homme ». Voilà comment s'exprime Xénophon sur cet homme admirable : éloge sublime dans sa simplicité, & du sens le plus étendu pour quiconque sait son histoire ! L'habitude, qu'avoient les membres de ces illustres états, de se considérer comme parties d'une communauté, ou du moins comme appartenans à quelqu'un des ordres de l'état, éloignoit d'eux toute considération personnelle : leurs regards ne se portoient que vers les objets qui échauffent l'ame ; le bien public, l'intérêt de leurs concitoyens, c'étoit-là le mobile de toutes leurs démarches ; c'est dans cette vue, qu'ils s'appliquoient à l'éloquence, aux talens utiles dans les conseils, à l'art du gouvernement & de la guerre, & à tous les genres de mérite qui décident du sort des nations ou des hommes en corps collectif. C'est à la force d'esprit contractée dans cette maniere de vivre, c'est aux progrès de la raison qui en résultent naturellement, que ces nations furent redevables non-seulement de la sublimité de leur caractere moral & de l'excellence de leur conduite politique & militaire, mais encore de leur supériorité dans les arts, dans la poësie, dans les différens genres de littérature ; ces arts n'étoient chez eux que les productions secondaires d'un génie inspiré, cultivé, perfectionné par des exercices d'une toute autre espece.

Chez les Grecs & les Romains, l'individu n'étoit rien & le public étoit tout. Chez les modernes, l'individu est tout & le public n'est rien.

G iv

L'état chez eux n'est qu'un assemblage de différens départemens qui offrent aux citoyens, en échange de leurs services, la considération, la richesse, l'élévation & le pouvoir. Telle fut la nature des gouvernemens modernes, dès leur premiere institution, d'assigner à chacun un rang fixe, une certaine portion de dignité & de crédit, en lui laissant le soin de les défendre lui-même. Durant les temps de barbarie, nos ancêtres employoient à se battre pour leurs prétentions respectives le temps que leur laissoient les ennemis du dehors; par leurs débats, par ce conflit continuel de puissance, ils maintenoient l'état dans une sorte de liberté politique, qui ne mettoit pas les particuliers à l'abri de l'oppression & des malheurs des guerres intestines. Leurs descendans, dans des siecles plus policés, réprimerent cette fureur des dissentions civiles, qui étoit le principal mobile de l'activité des anciens temps; mais au lieu de profiter du calme qu'ils s'étoient procuré pour inspirer & répandre l'amour des loix & de la constitution, à la protection desquelles ils devoient leur tranquillité présente, ils se porterent avec avidité, chacun de son côté, vers les arts lucratifs, & les divers moyens d'avancement personnel que leurs établissemens politiques les mettoient en état de suivre avec succès. Le commerce que l'on peut regarder comme embrassant tous les arts lucratifs, est devenu l'art par excellence, le grand objet des nations & la grande étude des hommes.

Nous sommes tellement accoutumés à considérer notre fortune individuelle comme le seul objet de notre attention, que même dans les gouvernemens populaires, & dans les états où les différens ordres de la nation sont appellés à prendre part au gouvernement de leur pays, & où la liberté publique a besoin, pour se maintenir, d'une activité & d'une vigilance continuelles de la part des

G v

citoyens, les hommes, qui, suivant la maniere de parler vulgaire, ont leur fortune faite, sont réputés n'avoir plus rien à faire : pour amuser leur loisir, ils ont recours à des passetemps qui les isolent; ils se livrent à ce qu'il leur plaît d'appeller le goût des choses agréables, à la musique, au dessin, aux jardins, aux bâtimens; c'est ainsi que, pour échapper aux langueurs du désoeuvrement, & remplir les vuides d'une vie nonchalante, on parvient, à force d'art, à se soustraire à la nécessité d'être utile.

Pour des hommes foibles ou méchans, c'est être occupé utilement que de l'être d'une maniere innocente; c'est un bonheur pour eux de rencontrer quelque objet d'attachement capable de prévenir les effets d'un caractere qui ne manqueroit pas d'être funeste à eux ou à leurs semblables; mais pour ceux qui sont nés avec des inclinations honnêtes, avec de la vigueur & des talens, c'est une vraie débauche que tout amusement qui consume en pure perte une partie considérable de leur temps ; c'est déja une grande diminution sur la somme de leur bonheur, que d'en être au point de croire qu'il y ait quelque divertissement capable de leur donner plus de plaisir que les choses qui feroient en même-temps un bien réel à leurs semblables.

Les plaisirs de l'espece dont nous parlons, ne seront pas du goût des ames mercénaires, de l'envieux, du méchant. Il n'y a que les caracteres doués des qualités opposées à ces vices qui soient faits pour connoître le prix de ces plaisirs ; & c'est à l'expérience de ceux-là seuls que nous en appellons. Guidés par le seul penchant, sans le secours de la réflexion, ces caracteres, dans l'amitié, dans les affaires, dans la vie civile, font pour l'ordinaire tout ce que prescrivent l'honnêteté & le devoir. Ils ne font que suivre l'inspiration de leur coeur, & se laisser aller à la pente naturelle de leurs émotions & de leurs e ntimens; sans retourner sur le passé, sans prévoir l'avenir, ils jouissent du moment présent, & s'il leur arrive de s'appercevoir que la vertu est une tâche difficile, un renoncement à soi-même, c'est la spéculation & non la pratique qui les conduit à cette découverte.

CHAPITRE IX.
Du Bonheur national.

L'Homme par sa nature est membre d'une communauté; considéré sous ce point de vue, l'individu cesse de paroître fait pour lui-même. Il doit sacrifier son bonheur, sa liberté, dès qu'ils sont incompatibles avec le bien de la société ; il n'est qu'une portion d'un tout, & en cette qualité, tout l'éloge que mérite sa vertu se réduit à cet éloge plus général que l'on fait d'un membre d'un corps quelconque, d'une partie d'un édifice, d'une piéce d'une machine, lorsqu'on dit qu'ils sont bien faits pour la place qu'ils occupent, & qu'ils produisent l'effet qu'ils doivent produire.

Si telle est la relation d'une partie à l'égard de son tout ; si le bien public doit être le principal objet des individus, il est également vrai que le bonheur des individus est le grand objet de la société civile; car comment concevoir un public heureux, si ses membres considérés séparément ne le sont pas ? Ainsi l'intérêt de la société & celui de ses membres, se concilient naturellement. Si l'individu doit des égards au public, en retour de ces égards, il en reçoit le plus grand bonheur dont sa nature soit susceptible; le premier bien que le public puisse faire à ses membres est de se les tenir fortement attachés. L'Etat le plus heureux est celui qui est le plus chéri par ses sujets; & les hommes les plus heureux sont ceux qui sont liés de cœur à une communauté qui offre sans cesse matiere à leur zele & à leur générosité, & une vaste carriere pour exercer tous leurs talens & leurs dispositions vertueuses.

Après avoir posé ces maximes générales, il nous reste la tâche la plus difficile, c'est d'en faire une application juste aux cas particuliers. Les nations different quant à leur étendue, au nombre des habitans, à la richesse, & aussi quant aux arts qu'elles cultivent, & aux avantages qu'elles en tirent. Non-seulement ces différences influent sur les mœurs, mais suivant notre maniere de juger les choses, elles le disputent aux mœurs mêmes, & constituent une prétendue félicité nationale indépendante de la vertu; elles établissent, de nation à nation, des distinctions dont la vanité des peuples se repaît, comme la vanité des particuliers se repaît des distinctions qu'ils tirent de leurs richesses & de leurs dignités.

Si cette façon de mesurer le bonheur est fausse & pernicieuse à l'égard des particuliers, elle ne l'est pas moins à l'égard des nations. Le commerce, la richesse, l'étendue de territoire, les arts sont autant de moyens de conservation & de puissance, quand ils sont bien dirigés; s'ils viennent à manquer en partie, la nation en est affoiblie; s'ils manquoient entièrement, leur perte entraîneroit la ruine de la nation:

ils tendent au maintien des sociétés; mais ils n'en constituent pas le bonheur. Ils peuvent par conséquent, maintenir un peuple malheureux aussi-bien qu'un peuple heureux. ils remplissent un des objets de la société, mais ils ne répondent pas à tous; & leur mérite se réduit à bien peu de chose, quand ils ne servent qu'à entretenir un peuple foible, servile & timide.

Les états vastes & puissans peuvent conquérir & soumettre les états foibles; les nations policées & commerçantes ont plus de richesses, une plus grande variété d'arts que les nations grossieres : mais dans ces divers états de choses, le bonheur des hommes n'en dépend pas moins des qualités de l'ame, de leur droiture, de leur activité, de leur courage. Si l'on considere l'état de société simplement comme une maniere d'être à laquelle l'humanité est naturellement amenée par ses penchans, comme un état qui est estimable parce qu'il est favorable à la conservation de l'espece & propre à développer, à perfectionner les talens des individus, & à fournir matiere à leurs vertus, pour jouir de ces avantages il n'est pas nécessaire que les communautés s'aggrandissent. Les nations qui possedent ces avantages dans le plus haut degré sont le plus souvent celles qui restent indépendantes & resserrées dans des limites étroites.

L'augmentation du nombre des hommes est sans doute un objet de la premiere importance ; mais le moyen d'opérer cette augmentation, n'est peut-être pas de reculer les frontieres d'un état ; de ce que la multiplication de l'espece est une chose desirable, il ne s'ensuit pas qu'il faille, s'il étoit possible, en réunir la totalité sous un seul gouvernement. Nous admirons l'empire Romain comme le modele de la grandeur & de la gloire nationale : mais cette grandeur même fut fatale à la vertu & au bonheur des hommes ;

elle se trouva incompatible avec les avantages dont cette nation conquérante jouissoit avant cette époque, du côté des mœurs & du gouvernement.)

C'est la séparation des nations qui est le principe de leur émulation. L'assemblage de différens Etats ressemble à cet égard à une compagnie d'hommes ; c'est dans la diversité de leurs intérêts respectifs, dans la discussion des affaires qui se traitent entr'eux sur un pied d'égalité, qu'ils trouvent à exercer leur raison & à signaler leurs vertus. Dans tout état, les mesures qu'on prend pour la sûreté publique font une partie essentielle de la police nationale ; & ces mesures sont toujours en raison de ce qu'on a à redouter du dehors. Athenes fut nécessaire à Sparte pour exercer sa vertu, comme l'acier est nécessaire pour tirer du feu d'un cailloux ; si les différentes cités de la Grece eussent été réunies sous un seul gouvernement, jamais on n'eût parlé des Epaminondas, des Thrasybule, des Lycurgue, des Solon.

Malgré les abus qui naissent quelquefois de l'indépendance & de l'opposition d'intérêts; si nous voulons réellement le bien de notre espece, nous ne devons pas, tant qu'il subsistera quelque vertu parmi les hommes, desirer qu'un seul établissement embrasse des milliers de citoyens qui pourroient en former plusieurs; ni qu'un sénat, une seule puissance ou législative ou exécutrice réunisse dans ses mains une immensité d'affaires qui, partagées, suffiroient pour en occuper plusieurs, pour former plusieurs théâtres de gloire, & fournir à un plus grand nombre d'hommes l'occasion de déployer leurs talens.

Il n'est pas possible de donner une regle fixe & positive sur cet article: mais il est constant que l'admiration que l'on a communément pour une domination sans bornes, est un préjugé funeste, & qu'il n'y a peut-être pas d'erreur plus directement contraire aux véritables intérêts du genre humain.

Souvent la mesure de l'étendue desirable pour un état en particulier doit être déterminée d'après la situation de ses voisins. Lorsqu'il se trouve plusieurs états contigus, il peut subsister entr'eux une sorte d'égalité : de maniere qu'ils se respectent & se considerent mutuellement, & qu'ils conservent cette indépendance qui constitue la vie politique d'une nation.

Lorsque les royaumes d'Espagne furent réunis, & que les grands fiefs de France furent annexés à la couronne, il pouvoit être dangereux pour les nations de la Grande-Bretagne de rester séparées.

Il est vrai que les petites républiques de la Grece, par leurs subdivisions & par l'équilibre établi entr'elles, trouverent l'objet des nations presque dans chaque village. Chaque petit district étoit une pépiniere de grands hommes, & ce qui n'est aujourd'hui qu'un misérable coin dans un vaste empire étoit alors le champ où la nature humaine se montroit dans toute sa gloire. Mais dans l'Europe moderne, de pareilles républiques sont comme des arbustes couverts par de hautes futayes ; elles sont offusquées par le voisinage d'états plus puissans ; & la disproportion des forces les prive presque entiérement des avantages de la séparation. Leur condition est la même que celle du commerçant en Pologne ; de tous les habitans c'est le plus exposé & le moins considéré, parce qu'il n'est ni esclave ni maître.

D'un autre côté, les communautés indépendantes, quelque foibles qu'elles soient, ont de l'éloignement pour les incorporations ; non-seulement lorsque ces incorporations sont présentées avec l'air de la supériorité, & avec des conditions inégales, mais même lorsqu'elles n'entraînent rien de plus que l'admission de nouveaux membres à partager également la considération avec les anciens. Le citoyen n'a aucun intérêt à la réunion des royaumes ; son importance diminue à proportion que l'état s'agrandit : mais cet agrandissement fournit aux hommes ambitieux un plus vaste champ de richesses & de pouvoir, en même-temps qu'il leur rend le fardeau de l'administration moins pénible. Et voilà le principe des progrès ruineux des empires ; voilà comment un peuple libre, sous la spécieuse apparence de voir accroître sa domination, se laisse à la fin atteler à un même joug avec les esclaves qu'il a vaincus.

Le prétendu desir d'augmenter les forces d'une nation n'est qu'un prétexte pour agrandir son territoire ; & cet agrandissement, quand il excéde certaines proportions, ne manque presque jamais de produire l'effet contraire.

Malgré l'avantage du nombre, malgré la supériorité des ressources relatives à la guerre, il n'est pas moins constant que c'est le caractere d'une nation qui fait sa véritable force & non sa richesse ni la multitude d'hommes. Pourvu que vous ayiez de quoi payer des soldats, construire des forteresses & fournir aux dépenses de la guerre, le courage décidera du succès; les possessions d'un peuple timide sont d'une conquête facile; une multitude accessible à la frayeur se détruit elle-même; des fortifications qui ne sont pas défendues par la valeur sont bientôt emportées d'assaut; il n'y a que l'homme brave qui soit réellement armé. La troupe qu'Agésilas avoit formée pour la défense de son pays fut un rempart plus solide & plus durable que les murs de roc & de ciment dont les autres villes étoient fortifiées.

Ce seroit rendre un mauvais service à l'humanité, si on parvenoit à trouver un système de défense qui ne laissât rien à faire à la bravoure. Une des choses le plus sagement ordonnées, c'est que l'homme, en qualité d'être raisonnable, soit forcé, pour sa propre conservation, de faire usage de sa raison ; c'est un bonheur pour lui, avec l'amour qu'il a pour les distinctions, que sa considération personnelle dépende de son caractere; & c'est un bonheur pour les nations que l'intérêt de leur puissance & de leur sûreté les mette dans la nécessité d'entretenir le courage, & de cultiver les vertus des citoyens. Par-là elles trouvent le bonheur avec les fins extérieures qu'elles se proposent.

On regarde communément la paix & l'unanimité comme la principale base de la félicité publique ; cependant la rivalité de communauté à communauté, & les agitations d'un peuple libre, sont les principes de la vie politique & la grande école des hommes. Comment concilier des maximes aussi opposées ? Mais pourquoi chercher à les concilier ? Que les hommes pacifiques fassent tous

leurs

leurs efforts pour calmer les animosités, & ramener à l'unanimité les opinions opposées de leurs concitoyens ; s'ils réussissent à prévenir des crimes, à réprimer des passions dangereuses, ils auront fait un grand bien. Mais rien, excepté la corruption ou la servitude, n'étouffera jamais les querelles & les débats entre d'honnêtes gens qui ont une égale part à l'administration de l'état.

En fait d'opinions il est impossible de trouver, même dans la compagnie la plus choisie, une parfaite conformité de sentimens ; & s'il en étoit autrement, que deviendroit la société ? « Il semble, dit Plutarque, » que le législateur de Sparte ait eu » dessein de jetter des semences de » discorde & de contestations parmi » ses compatriotes ; il a voulu que » les bons citoyens eussent des oc- » casions qui les missent aux prises ; » il regardoit l'émulation comme le » foyer où s'enflammeroient leurs » vertus ; & l'on diroit qu'il a re-

» douté pour eux, comme une sour-
» ce capitale de corruption, cette
» complaisance qui nous fait sou-
» mettre sans examen nos opinions
» à celles des autres ».)

On pense communément que la forme du gouvernement décide du bonheur ou du malheur des hommes. Les formes de gouvernement doivent nécessairement varier pour s'accommoder à l'étendue, aux moyens de subsistance, au caractere, aux mœurs des différentes nations. Il est des conjonctures où l'on peut laisser la multitude se gouverner elle-même; il en est d'autres où elle a besoin d'être resserrée étroitement. Dans quelque époque des anciens temps, il a pu se faire sans inconvénient que de tranquilles habitans d'un village fussent abandonnés aux lumieres de leur raison, & aux conseils de leurs intentions droites & pures; mais des scélérats ne sont pas en sûreté dans leurs prisons; ils peuvent se battre avec les chaînes dont ils sont chargés. Il est donc impossible d'imaginer une forme de gouvernement qui convienne à toutes les situations différentes de l'espece humaine.

Nous allons essayer, dans le Chapitre suivant, de marquer les distinctions consacrées en fait de systêmes de subordination & de gouvernement, & d'expliquer le langage usité en cette matiere.

CHAPITRE X.
Continuation du même sujet.

C'EST un principe admis généralement, que les hommes étoient égaux dans l'origine. Il est vrai que, suivant la nature, ils ont tous un égal droit à leur conservation & à l'usage de leurs facultés; mais il est évident aussi qu'ils ont été faits pour occuper des postes différens; & toutes les fois qu'ils sont classés suivant un systême fondé sur cette circonstance, ce n'est point une violation de leurs droits naturels. Il est incontestable qu'un systême de subordination est aussi essentiel aux hommes que la société même; & cela non-seulement pour parvenir aux fins du gouvernement, mais encore pour se conformer à un certain ordre établi par la nature.

Antérieurement à toute institution

politique, les hommes sont doués d'une variété infinie de talens, de qualités, de trempes d'ame diverses, de divers degrés de chaleur dans leurs passions, de maniere à pouvoir jouer une infinité de rôles divers. Mettez-les ensemble, chacun trouvera sa place ; ils approuvent ou blament en corps ; ils examinent, consultent, déliberent en portions plus choisies ; en tant qu'individus, ils prennent ou laissent prendre de l'ascendant ; & par-là un nombre d'hommes est propre à agir de compagnie, & à maintenir ses associations, avant toute distribution formelle des emplois.

Nous sommes formés pour agir de cette maniere ; & si nous avons quelques doutes relativement aux droits du gouvernement en général, notre perplexité vient plutôt des subtilités de la spéculation, que de quelque incertitude dans les sentimens de notre cœur. Enveloppés dans les résolutions de la multitude dans laquelle nous nous trouvons, nous agissons avec elle, avant que d'avoir établi des regles pour constater sa volonté. Nous suivons un chef avant que d'avoir imaginé de discuter ses prétentions, ou fixé des formes pour son élection; & ce n'est qu'après avoir fait bien des fautes en qualité de magistrats & de sujets, que les hommes se sont enfin avisés d'assujettir à des regles le gouvernement lui-même.

Si donc, en considérant la diversité des formes suivant lesquelles les différentes sociétés sont gouvernées, un moraliste demandoit en vertu de quoi un homme ou un nombre d'hommes s'arrogent le droit de contrôler ses actions ? on pourroit lui répondre qu'ils n'ont point ce droit, tant que ses actions n'ont aucun effet fâcheux pour ses semblables; mais que, dès qu'elles leur portent quelque préjudice, le droit de défense & l'obligation de réprimer l'injustice appartiennent aux corps collectifs, aussi bien qu'aux individus. Plusieurs nations sauvages qui n'ont point de tribunaux permanens pour juger les crimes, s'assemblent à la nouvelle d'un délit, & prennent contre le criminel les mêmes mesures que contre un ennemi.

Mais, dira-t-on, ces inductions, en confirmant le droit de la souveraineté, lorsqu'elle est exercée par la société en corps, ou par ceux qui sont dépositaires des pouvoirs de tous, confirment également ce droit à toute espece d'autorité, en quelques mains que le hasard l'ait placée, ou même lorsqu'elle n'est fondée que sur la violence?

Pour répondre à cette objection, il suffit d'observer que le droit de faire le bien & de faire justice appartient à tout individu, à tout ordre d'hommes; & que l'exercice de ce droit n'a d'autres bornes que celles de leur pouvoir. Mais le droit de faire du mal & de commettre des injustices est un abus de langage & une contradiction dans les termes. Il n'appartient pas plus à un peuple en corps qu'à un usurpateur. Lorsque nous supposons cette prérogative dans un souverain, ce n'est que pour exprimer l'étendue de son pouvoir & la force qui le met en état d'exécuter ses volontés. C'est la prérogative que prend un chef de bandits à la tête de sa troupe, ou un prince despotique à la tête de son armée. Quand l'un ou l'autre présente l'épée, le voyageur ou le sujet peuvent se soumettre par le sentiment de la frayeur ou de la nécessité, sans que pour cela il en résulte pour eux aucune obligation fondée sur le motif du devoir ou de la justice.

La multiplicité des formes qu'offrent à nos regards les différentes sociétés, est presque infinie. Les différentes méthodes suivant lesquelles les membres sont classés; la manière dont la puissance législative & la puissance exécutrice y sont combinées; les circonstances imperceptibles qui donnent lieu à des usages différens, & font étendre ou restreindre plus ou moins l'autorité qu'elles conferent à ceux qui les gouvernent ; toutes ces choses établissent des différences innombrables entre les constitutions qui se ressemblent le plus en apparence, & mettent dans les affaires de ce monde une variété de détail qu'il est impossible à l'entendement d'embrasser, & à la mémoire de retenir dans toute son étendue.

Pour se faire des notions générales & précises du tout, il faut, sur ce sujet comme sur tout autre, se résoudre à abandonner une partie des circonstances particulieres qui différencient les gouvernemens ; fixer notre attention sur certains points qui sont communs à plusieurs ; & choisir un petit nombre de chefs principaux sous lesquels on puisse envisager distinctement la matiere. Quand nous aurons tracé les traits caractéristiques qui forment les points généraux de coïncidence ; quand nous les aurons suivis jusqu'à leurs conséquences ultérieures dans les différens modes de la législation, de l'exécution & de la judicature, & dans les établissemens qui ont rapport à la police, au commerce, à la religion, à la vie domestique ; nous aurons fait une provision de connoissances, qui, si elles ne peuvent tenir lieu de l'expérience, serviront du moins à diriger nos recherches, & à nous donner un ordre, une méthode pour arranger les particularités & les détails, à mesure qu'ils se présenteront à nos observations dans le cours des affaires.

Quand je pense au livre du président de Montesquieu, je ne sais comment me justifier d'oser après lui traiter des affaires humaines : ainsi que lui, je suis aiguillonné par mes réflexions, & entraîné par les mouvemens de mon cœur ; peut-être même suis-je plus propre à mettre ces vérités à la portée des esprits ordinaires, parce que je suis moi-même plus au niveau du commun des hommes. Si, pour frayer la route qu'il faut tenir dans l'histoire générale des nations, il nous suffisoit de donner quelques éclaircissemens sur les chefs sous lesquels on peut ranger les différentes formes de gouvernement, nous pourrions renvoyer le lecteur à ce qui a été dit par ce politique profond autant qu'il est moraliste aimable. On trouvera dans son ouvrage, non-seulement ce que l'ordre des matieres exige que je copie ici d'après lui; mais probablement encore la source d'un grand nombre d'observations que j'ai répandues dans tout le cours de cet ouvrage, sans citer l'auteur, dans la persuasion qu'elles étoient de mon crû.

Les anciens philosophes ont admis communément trois especes de gouvernemens; la démocratie, l'aristocratie & le despotisme. Ils ont principalement porté leur attention sur les variétés que comporte le gouvernement républicain; à peine ont-ils entrevu la distinction importante qu'a faite M. de Montesquieu entre la monarchie & le despotisme.

Ce dernier a également réduit le gouvernement à trois especes générales : « Pour découvrir la nature de » chacune de ces especes, dit-il, il » suffit de l'idée qu'en ont les hom- » mes les moins instruits. Je suppose » trois définitions ou plutôt trois faits: » l'un que le gouvernement républi- » cain est celui où le peuple en corps, » ou seulement une partie du peuple » a la souveraine puissance : le mo- » narchique celui où un seul gouver- » ne, mais par des loix fixes & éta- » blies, au lieu que dans le despo- » tique, un seul sans loix & sans re- » gle entraîne tout par sa volonté & » par ses caprices ».

A l'égard du gouvernement républicain, il y a une distinction bien importante à faire ; elle est indiquée dans la définition : c'est celle qui est entre la démocratie & l'aristocratie. Dans la démocratie, la puissance souveraine reste dans les mains du peuple en corps. Toute magistrature est à sa nomination ; en sa qualité de souverain, & tout citoyen peut y aspirer; le magistrat, dans l'exercice de ses fonctions, est le ministre du peuple, & il est comptable envers lui pour tous les objets confiés à son administration. Dans l'aristocratie, la souveraineté réside dans une certaine classe, dans un certain ordre d'hommes; qui, une fois nommés, conservent cet avantage toute leur vie; ou qui, par la prérogative de leur naissance & de leur fortune, sont élevés à un degré de supériorité permanente. Toutes les places de magistrature sont remplies par eux, & dépendent de leur nomination; ils décident en dernier ressort, dans les assemblées composées par eux, tout ce qui a rapport à la législation, à l'exécution & à la jurisdiction.

M. de Montesquieu a spécifié les différens sentimens ou mobiles par lesquels on peut supposer que les hommes agissent sous ces différens gouvernemens. Dans la démocratie, il doit regner un grand amour de l'égalité ; un grand respect pour les droits des citoyens ; une grande union formée par les liens d'un commun dévouement à l'état. Sur l'article des prétentions personnelles, il faut que chacun se contente du degré de considération que peuvent lui procurer ses talens mesurés d'une maniere honnête avec ceux de ses émules ; il doit travailler pour le public avec un désintéressement parfait ; & se tenir en garde contre toute espece de démarches qui tendroient à quelque dépendance personnelle. En un mot, la droiture, la force d'esprit, la grandeur d'ame sont les soutiens de la démocratie ; & la vertu est le grand mobile d'où dépend sa conservation.

Si le gouvernement populaire avoit l'avantage de créer ce mobile ; ou s'il étoit toujours une indication certaine de son existence actuelle, ce seroit une prérogative inestimable qui devroit le faire desirer de l'humanité entiere. Mais il est probable qu'il faut que ce mobile existe antérieurement dans une nation pour qu'elle soit susceptible de cette forme; où la vertu est entiérement éteinte, ce gouvernement ne manqueroit pas d'avoir ses inconvéniens : mais quelques inconvéniens de plus méritent-ils d'être comptés pour quelque chose, là où les hommes sont déjà malheureux ?

C'est un spectacle misérable, lorsqu'à Constantinople ou à Alger, les hommes prétendent traiter sur un pied d'égalité : des esclaves qui ne songent qu'à s'échapper des entraves du gouvernement, & à se saisir, autant qu'ils le peuvent, de la dépouille de l'état, qui, dans les temps ordinaires, est le partage exclusif du maître qu'ils servent.

Un des grands avantages de la démocratie, c'est que les qualités personnelles y étant le principal fondement des distinctions, les hommes y sont classés suivant leurs talens & le mérite de leurs actions. Quoique tous ayent des prétentions égales à l'autorité, cependant l'état n'est effectivement gouverné que par un petit nombre de personnes. La plus grande partie du peuple, même en sa qualité de souverain, se borne à faire usage de ses sens; à sentir quand il est foulé par quelque inconvénient national, ou alarmé par quelque danger public; à presser les entreprises dans lesquelles il est engagé, ou à repousser les attaques dont il est menacé, avec cette chaleur qui appartient aux assemblées tumultuaires.

La plus parfaite égalité n'exclut pas l'ascendant des esprits supérieurs: les assemblées d'un corps ne peuvent être gouvernées que par la direction de conseils choisis. A cet égard, le gouvernement populaire ressemble à l'aristocratie; mais ce n'est pas ce point seul qui constitue la nature du gouvernement aristocratique. Les membres de l'état y sont divisés au moins en deux classes, dont l'une est destinée à commander, & l'autre à obéir. Le mérite ni les défauts ne font monter ni descendre un citoyen d'une classe à une autre. Tout ce que peut faire le caractere personnel, c'est de procurer à l'individu un degré de considération proportionel dans l'ordre dont il est membre, & non de changer son rang. Dans l'une de ces deux situations il apprend à s'arroger, dans l'autre à céder la prééminence ; il est ou protecteur ou client, souverain ou sujet de son pays. Tous les citoyens peuvent concourir à l'exécution des plans de l'état, mais ils ne participent pas de même aux délibérations sur le choix des moyens, ni à la confection des loix. Ce qui, dans la démocratie, appartient à la nation entiere, est dans l'aristocratie réservé à une partie de la nation. Il est possible que les membres de l'ordre supérieur soient classés entr'eux selon leur mérite, mais ils conservent toujours leur ascendant sur les membres de l'ordre inférieur. Ils sont tout à la fois les valets & les maîtres de l'état, & font obligés de payer de leurs services personnels & de leur sang les honneurs civils & militaires dont ils jouissent.

Le soin de maintenir pour soi & de laisser à ses concitoyens une parfaite égalité de rang & de prérogative, ne peut plus être le mobile des membres d'une pareille communauté. Un des ordres veut obtenir plus qu'il ne veut accorder : l'autre doit être disposé à accorder ce qu'il ne prétend pas pour lui-même : & c'est avec raison que M. de Montesquieu assigne pour principe de ce gouvernement, la *modération* & non pas la *vertu*.

L'élévation de l'une des classes est une arrogance modérée ; la soumission de l'autre une déférence limitée. Les premiers doivent avoir grand soin de cacher ce que leur distinction a d'odieux ; déguiser & adoucir ce qu'elle a de choquant dans l'arrangement public ; & par leur éducation, leurs manieres polies, leurs talens perfectionnés, tâcher de paroître faits pour les places qu'ils occupent. Les autres doivent apprendre à céder par respect, par attachement pour les personnes, ce qui, sans cela, ne pourroit leur être arraché par force. Quand cette sorte de modération manque de la part des uns ou des autres, la constitution est en danger. Une populace mutinée peut revendiquer l'égalité dont elle jouit dans la démocratie ; ou bien, les nobles toujours enclins à la domination, peuvent se choisir parmi eux, ou trouver déjà tout prêt, un souverain qui, avec les avantages de la fortune, avec de l'affabilité & des talens, saisisse pour sa famille ce pouvoir envié, qui auroit déja entraîné son ordre au-delà des limites de la modération, & infecté des particuliers d'une ambition sans bornes.

Delà vient qu'on voit dans les monarchies des traces récentes d'aristocratie. Voila pourquoi le monarque n'y est que le premier parmi les nobles ; il faut qu'il se contente d'une puissance limitée ; les sujets sont distribués en différentes classes ; toutes ont leurs prétentions, leurs prérogatives qui circonscrivent l'autorité du maître ; de toute part il rencontre des forces suffisantes pour contenir son administration dans certaines bornes d'équité, & l'assujettir à des loix fixés & déterminées. Sous un pareil gouvernement, l'amour de l'égalité se trouveroit déplacé ; la modération même n'y est pas nécessaire. Le grand objet de tous les rangs est la préséance, & chaque ordre peut y pousser ses avantages aussi loin qu'il est possible. Le souverain, lui-même doit une grande partie de son autorité aux titres fastueux & à l'attirail pompeux qu'il étale en public. Les rangs subordonnés cherchent à se donner de l'importance par un étalage semblable ; & dans cette vue, ils marchent toujours accompagnés des marques de leur naissance & de la pompe de leur fortune. Comment, sans cela, l'individu pourroit-il connoître dans quel rapport il se trouve à l'égard de ses concitoyens, ou distinguer les rangs innombrables qui remplissent l'intervalle depuis l'état du souverain jusqu'à celui du paysan ? Et, dans les états d'une grande étendue, comment pourroit-on conserver quelque apparence d'ordre parmi des membres désunis par l'ambition, par les prétentions personnelles, & destinés à former une même communauté, sans le sentiment d'aucun intérêt commun.

En général, on rencontre des monarchies par-tout où la population & l'étendue du territoire se sont accrues au-delà des bornes qui conviennent au gouvernement républicain. A ces circonstances se joignent encore les grandes inégalités qui surviennent dans la distribution des propriétés ; & le desir de la prééminence qui devient la passion prédominante. Chaque rang veut jouir de sa prérogative ; & le souverain est tenté sans cesse d'augmenter la sienne ; lorsque les sujets qui désespérent d'obtenir la préséance bataillent pour avoir l'égalité, il est disposé à prendre parti pour eux, & à les aider en tout ce qui peut affoiblir une force contre laquelle il a lui-même à lutter en plusieurs occurrences. Cette politique peut bien écarter en apparence certaines distinctions choquantes, & certains inconvéniens particuliers au gouvernement monarchique ; mais la sorte d'égalité à laquelle les sujets puissent parvenir, est celle d'esclaves également dépendans de la volonté d'un maître & non celle d'hommes libres qui soient en état de maintenir leur égalité.

Selon M. de Montesquieu, c'est l'honneur qui est l'ame de la monarchie. Il est possible d'y trouver de bonnes qualités, du courage, de la grandeur d'ame ; mais le sentiment d'égalité qui fait respecter les droits personnels des moindres citoyens ; mais cette noble fierté qui dédaigne de courtiser la protection, qui ne veut point accepter à titre de faveur ce qui lui appartient de droit; & l'affection publique qui vient du mépris de toute considération personnelle; ces vertus ne sont ni compatibles avec la stabilité de cette constitution, ni analogues aux habitudes que contractent les membres de ces états, dans quelque rang qu'ils soient placés.

Chaque condition y a sa dignité particuliere, son esprit, & un systême de conduite qui lui est propre, que les hommes en place sont obligés d'entretenir. Dans le commerce des supérieurs & des inférieurs, c'est un art pour l'ambition & la vanité d'imaginer des raffinemens sur les avantages du rang; tandis que, pour mettre dans la société l'aisance qui en fait le charme, la bonne éducation enseigne à oublier ces mêmes avantages, & à les faire oublier.

Quoique, dans ce gouvernement, la considération soit attachée à la dignité des places plutôt qu'aux qualités des personnes; quoique l'amitié ne puisse y être formée par l'inclination pure, ni les alliances par le seul choix du cœur; il est certain cependant que des hommes unis de cette maniere, sans rien changer à cet ordre, sont infiniment susceptibles d'excellence morale, ou sujets à plusieurs degrés différens de corruption. Dans le commerce de la société privée, ils peuvent jouer un rôle aimable, un rôle mâle & vigoureux comme membres de l'état; ils peuvent abandonner leur dignité comme citoyens, lors même qu'ils portent le plus loin la présomption & l'arrogance comme particuliers.

Dans la monarchie, c'est de la couronne que les hommes de tous les ordres reçoivent leurs dignités; mais ensuite ils continuent à les posséder comme un droit, & ils exercent réellement dans l'état un pouvoir subordonné, fondé sur la permanance du rang dont ils jouissent, &

sur

sur l'attachement de ceux qu'ils ont à conduire & à protéger. Quoiqu'ils n'ayent pas accès dans les assemblées publiques, ni dans les conseils nationaux, quoique le nom de sénat soit chose inconnue; cependant leurs avis sont de quelque poids aux yeux du souverain; & chaque individu, considéré séparément, influe jusqu'à un certain point sur les délibérations qui intéressent son pays. En tout ce qui ne déroge point à son rang, il a une arme toujours prête pour servir la communauté; en tout ce qui blesse ses sentimens d'honneur, il a le mécontentement & l'aversion qui peuvent aller jusqu'à faire obstacle à la volonté de son prince.

Entremêlés les uns avec les autres par les liens réciproques de la dépendance & de la protection, sans être unis par le sentiment d'un intérêt commun, les sujets de la monarchie, aussi-bien que ceux des républiques, trouvent à s'occuper comme membres d'une société agissante, & ont de quoi traiter avec leurs semblables sur un pied honnête. Mais ces principes d'honneur qui garantissent l'individu de la servitude personnelle, & empêchent qu'il ne devienne un instrument d'oppression dans les mains d'un autre, s'ils venoient à manquer ; s'ils faisoient place à des maximes de commerce, aux subtilités d'une prétendue philosophie, ou au zele indiscret de l'esprit républicain ; s'ils étoient démentis par la lâcheté des sujets, ou étouffés par l'ambition des princes ; que deviendroient les nations de l'Europe ?

Le despotisme est une monarchie corrompue, dans laquelle il est resté en apparence une cour & un prince, mais où toute subordination de rangs est détruite ; où l'on dit au sujet qu'il n'a point de droits ; qu'il ne peut rien posséder en propre, ni remplir aucune place indépendamment de la volonté actuelle & momentanée de son prince. Cette doctrine est fondée sur les maximes de la conquête; elle se prêche le fouet & l'épée à la main; elle est reçue à l'aide de l'épouvante, des chaînes & des emprisonnemens. La crainte est donc la disposition qui rend le sujet propre à occuper sa place: & le souverain qui présente si hardiment aux autres l'appareil de la terreur, a des raisons plus que suffisantes, de garder une bonne part de ce sentiment pour lui-même. Cette méthode avec laquelle il tranche sur les droits des autres, bientôt on l'applique à la discussion de ses propres droits; il comprend alors que ce pouvoir qu'il avoit tant à cœur d'augmenter & de conserver n'avoit pour fondement qu'un fantôme imaginaire, semblable aux fortunes chimériques de son peuple, un être de raison, un caprice désordonné.

En cherchant ainsi à assigner avec le plus de précision qu'il est possible, les limites idéales qui séparent les constitutions politiques, on voit que, dans la réalité, elles rentrent diversement les unes dans les autres, soit, quant au principe, soit quant à la forme. Quelle est en effet la société où les hommes ne soient pas classés entr'eux d'après des distinctions extérieures, aussi-bien que d'après leurs qualités personnelles ? Quel est l'état où ils n'agissent point tout-à-la-fois par l'impulsion de plusieurs mobiles différens, tels que la justice, l'honneur, la modération & la crainte ? Le but d'une science est, non de déguiser la confusion qui regne dans son objet, mais de démêler, dans la multiplicité & la complication des détails, les points principaux qui méritent notre attention, & qui étant une fois bien entendus, nous sauvent de l'embarras où la grande quantité des exceptions ne manqueroit pas de nous jetter sans cela. Les divers gouvernemens se trouvent plus ou moins pleinement compris sous les chefs de république, de monarchie ou de despotisme, suivant les divers degrés d'influence qu'ils donnent à la vertu, à l'honneur ou à la crainte sur les actions des hommes; & la théorie générale est plus ou moins applicable aux circonstances particulieres qu'ils offrent.

Dans le fait, les formes de gouvernement s'éloignent ou s'approchent les unes des autres par mille gradations souvent imperceptibles. La démocratie, en admettant certaines inégalités de rang, se rapproche de l'aristocratie. Dans des gouvernemens populaires, aussi-bien que dans des gouvernemens aristocratiques, on a vu des particuliers, par leur considération personnelle, & quelquefois par le crédit de leur famille, exercer une espéce d'empire monarchique. La puissance monarchique est plus ou moins limitée; & le despote lui-même n'est qu'un monarque dont les sujets ont le moins de priviléges, ou qui a le plus de moyens pour les assujettir par la force. Toutes ces variétés ne sont, dans l'histoire de l'humanité, que des pas qui nous indiquent seulement les situations momentanées par lesquelles ont passé les hommes, selon qu'ils se sont soutenus par la vertu, ou qu'ils se sont laissés abattre par le vice.

Le despotisme & la démocratie parfaite semblent être les extrêmes opposés auxquels les constitutions aboutissent quelquefois. L'une exige une vertu parfaite, l'autre suppose une corruption totale : cependant à l'égard de la forme seulement, comme il n'y a dans l'un ni dans l'autre rien de fixe par rapport aux rangs, & qu'on n'y connoît de distinctions que celles que donne la possession accidentelle & momentanée du pouvoir, les sociétés passent aisément, d'une situation où tous les individus ont un égal droit de commander, à une situation où tous sont également destinés à servir. Dans l'une & dans l'autre, les mêmes qualités, le courage, l'esprit populaire, l'affabilité, l'adresse, les talens militaires élevent l'ambitieux à la prééminence. Avec ces qualités, souvent le citoyen ou l'esclave sort des rangs pour prendre le commandement d'une armée, & passe subitement d'un poste obscur sur un théâtre brillant. Dans l'une & dans l'autre, une seule personne peut gouverner avec une autorité sans bornes, & la populace peut également renverser les barrieres de l'ordre, & rompre le frein des loix.

Supposons que l'égalité établie parmi les sujets d'un état despotique leur ait inspiré de la confiance, de l'intrépidité & l'amour de la justice; le despote, ayant une fois cessé d'être un objet de terreur, rentrera nécessairement dans la foule. Si au contraire l'égalité personnelle, dont jouissent les membres d'un état populaire, n'est plus qu'une égale prétention aux objets d'ambition & de cupidité; le monarque n'a qu'à reparoître, il ne manquera pas d'être soutenu par des gens empressés de partager ses profits. Quand il se forme des partis d'hommes intéressés &

mercenaires, il n'importe sous quel chef ils s'enrôlent ; que ce soit César ou Pompée, c'est l'intérêt seul, c'est l'espoir du pillage & du crédit qui les attache à lui.

Dans le désordre des sociétés corrompues, souvent on a vu la démocratie changée en despotisme, & le despotisme changé en démocratie. Du milieu de la démocratie dépravée, du sein de l'anarchie & de la confusion, le tyran monte sur le trône, les mains fumantes de sang ; mais ses excès, ses vexations dans le poste où il s'est élevé, réveillent bientôt la révolte & la vengeance dans les cœurs des citoyens opprimés. Les cris de meurtre & de désolation qui, dans le cours d'un gouvernement militaire, épouvantent les sujets au fond de leurs retraites, s'élèvent, s'accroissent, & vont retentir sous les voûtes du palais du tyran, à travers les grilles & les portes de fer du sérail. Sur un théâtre ensanglanté, au milieu du tumulte &

de la confusion, on voit renaître la démocratie : mais ces deux extrêmes, dans un corps politique, ne sont autre chose que les retours successifs du paroxisme & de la langueur dans un corps malade.

Dès qu'une fois les hommes sont arrivés à ce degré de dépravation, il n'est plus pour eux d'espérance d'une guérison prochaine. Ni la multitude, ni le tyran lui-même n'auront assez d'ascendant pour assurer l'administration de la justice : & ce n'est ni dans le calme de l'abattement & de la servitude, ni dans les convulsions de la licence & du tumulte que les citoyens pourront apprendre qu'ils sont nés pour aimer leurs semblables, pour pratiquer les vertus sociales, & faire le bien. Si les spéculateurs étoient curieux de retrouver cet état de guerre habituel qu'il leur a plu quelquefois d'honorer du nom d'*état de nature*, ils le retrouveront dans le conflit

I v

qui subsiste entre le despote & ses sujets, & non dans les premiers pas que fait une tribu simple & grossiere pour arriver à l'état de nation.

Fin de la premiere Partie.

ESSAI
SUR
L'HISTOIRE
DE LA
SOCIÉTÉ CIVILE.

SECONDE PARTIE.
De l'Histoire des Nations sauvages.

CHAPITRE PREMIER.
Des lumieres que l'on peut tirer de l'antiquité sur ce sujet.

L'HISTOIRE de l'espece humaine est circonscrite dans un période limité ; par-tout on y rencontre des preuves certaines que les affaires humaines ont eu un commencement. Les nations distinguées par la possession des arts & par l'excellence de leurs établissemens politiques ont eu une foible origine, & conservent encore dans leur histoire les marques du progrès lent & graduel, par lequel elles sont arrivées à cette distinction. Les antiquités de tous les peuples, quelque diversifiées, quelque défigurées qu'elles soient, s'accordent toutes à confirmer cette opinion.

L'histoire sacrée nous représente les premiers parens de l'espéce, comme un simple couple envoyé sur la terre pour la posséder, & pour tirer une subsistance pénible du milieu des ronces & des épines dont sa surface fut couverte. Leur postérité, encore réduite à un petit nombre de têtes, eut à lutter contre tous les dangers qui assiégent une espece foible & dans un état d'enfance; enfin, après bien des siécles révolus, les nations les plus respectables tirerent leur origine d'une ou de quelques-unes de ces familles, qui faisoient paître leurs troupeaux dans les déserts.

Les Grecs vinrent de tribus vagabondes, dont la foiblesse & la grossiéreté sont suffisamment prouvées par leurs fréquentes migrations; & ces exploits de guerre, si vantés dans l'histoire, ne sont autre chose que les efforts qu'il leur fallut faire pour s'assurer la possession d'une contrée, que dans la suite, par leur talent pour la fiction, par leurs arts & leur politesse, ils rendirent si fameuse dans les fastes de l'humanité.

Il y a lieu de croire que l'Italie fut partagée en plusieurs cantons foibles & sauvages, jusqu'au temps où une bande de voleurs, comme on nous apprend à les envisager, trouva à se faire un établissement sur les bords du Tibre, & où cette poignée de monde qui n'étoit encore composée que d'un sexe, soutint le personnage d'une nation. Pendant plusieurs siecles, Rome, du haut de ses murailles, voyoit tout autour d'elle le territoire de ses ennemis. Cette puissance qui, dans la suite des temps, engloutit tout, dont rien ne put arrêter les énormes progrès, n'avoit rien qui pût alarmer ses voisins. Semblable à une horde de Scythes ou de Tartares qui s'est choisi une demeure fixe, cette communauté naissante n'étoit qu'égale ou supérieure de bien peu à toutes les tribus limitrophes. Le chêne orgueilleux qui a couvert au loin la campagne de son ombre, n'étoit qu'un foible arbuste dans la pépiniere, qui se faisoit à peine distinguer au milieu des herbes sauvages qui nuisirent à ses premiers accroissemens.

Les Gaulois & les Germains s'offrent à nous avec les marques d'une condition parfaitement semblable; & les habitans de l'Angleterre, dans les temps des premieres invasions des Romains, étoient, à bien des égards, ce que sont aujourd'hui les naturels de l'Amérique septentrionale : comme eux, ils ignoroient l'agriculture, se peignoient le corps, & ne connoissoient de vêtemens que les peaux des bêtes.

Tels paroissent avoir été les commencemens de l'histoire de toutes les nations, & c'est au milieu de pareilles circonstances, qu'il faut que nous cherchions à démêler le caractere originel de l'espece humaine. Quelque reculé que soit le période auquel remontent nos recherches, nous ne devons hasarder aucun résultat qui ne soit fondé sur les faits conservés pour notre usage. Il n'est que trop ordinaire cependant de suivre la méthode contraire, de donner tout à la conjecture ; d'attribuer tous les avantages de notre nature à ces arts que nous possédons ; & d'imaginer que c'est peindre suffisamment l'homme dans son état originel, que de lui refuser toutes nos vertus. Nous nous prétendons les modeles de la politesse & de la civilisation, & par-tout où nous ne retrouvons pas nos propres traits, nous nous persuadons qu'il n'y a rien qui mérite nos regards. Il est probable qu'en cette occasion, comme en beaucoup d'autres, nos prétendues connoissances des causes nous empêchent de juger sainement des effets, & de déterminer quelles ont dû être les propriétés & les opérations de notre propre nature, à l'absence de ces circonstances dans lesquelles nous l'avons vue enveloppée. Qui est-ce qui pourroit imaginer, à l'aide de la simple conjecture, qu'un sauvage nud fût joueur & petit-maître ? que, sans connoître les distinctions des titres & de la fortune, il fût orgueilleux & vain ? que son principal soin fût sa parure & son plaisir ? & quand même on pourroit se persuader qu'il partage nos vices, & qu'au milieu de ses forêts il le dispute en extravagances aux habitans des villes, oseroit-on avancer qu'en certaines occasions, il nous surpasse aussi en talens & en vertus ? qu'il a une pénétration, une force d'imagination & d'élocution, une chaleur d'ame, un courage, une constance dans ses affections, auxquelles les arts, l'éducation & la politesse des nations les plus cultivées n'auroient que bien peu de chose à ajouter ? Ces particularités cependant font partie de la description que nous en donnent ceux qui ont été à portée d'observer l'humanité dans l'état le plus grossier ; & si l'on récuse leur témoignage, où puiser des notions sur ce sujet, que l'on puisse adopter & donner avec quelque certitude ?

Si des conjectures & des opinions prises dans un lointain reculé ne doivent avoir qu'une foible autorité dans l'histoire de l'espéce humaine, il faut aussi, par la même raison, se défier des antiquités domestiques des nations, & ne les admettre qu'avec une extrême circonspection. Elles ne sont pour la plupart, que des fictions & des conjectures des âges subséquens, & lors même qu'au premier coup d'œil, elles ont pour elles un air de vraisemblance, elles varient toujours suivant la tournure d'imagination de ceux qui les ont transmises ; & chaque génération leur imprime une forme différente. Elles offrent l'empreinte, non des temps qu'elles décrivent, mais des âges par lesquels elles ont passé traditionnellement. La lumière qu'elles répandent, n'est point celle que réfléchit un miroir qui rend l'objet tel qu'il lui est présenté ; elle ressemble aux rayons épars & brisés que renvoye une surface opaque & raboteuse, qui ne rendent que les traits & les couleurs du corps par lequel ils sont réfléchis.

Lorsque des fables traditionnelles sont adoptées & ressassées par le peuple, elles indiquent un caractere national ; & malgré les absurdités dont elles sont entremêlées, souvent elles élevent l'imagination & remuent l'ame. Lorsqu'elles servent de matériaux à la poësie, & qu'elles sont embellies par les talens & l'éloquence d'un génie ardent & supérieur, alors elles instruisent l'esprit aussi-bien qu'elles mettent les passions en jeu. Ce n'est que dans les mains de l'antiquaire, & dépouillées des ornemens que les loix de l'histoire leur défendent de porter, qu'elles ne sont bonnes à rien, pas même à amuser l'imagination.

Il seroit absurde de citer l'Illiade ou l'Odyssée, les légendes d'Hercule, de Thésée ou d'Œdipe, comme des autorités en matiere de faits, relativement à l'histoire de l'humanité; mais on peut, à juste titre, les citer pour faire connoître la maniere de penser & de sentir des siecles d'où nous viennent ces productions, & pour caractériser le génie du peuple, au goût duquel elles furent assorties, & dont elles furent l'aliment & l'admiration.

C'est ainsi que la fiction même peut être admise à déposer sur le génie des nations, lorsque l'histoire n'offre rien qui mérite croyance. C'est ainsi que les fables grecques, parce qu'elles conservent l'empreinte du caractere de leurs auteurs, répandent de la clarté sur un période de temps dont il ne reste aucune autre tradition. La supériorité des Grecs ne se montre réellement en aucun point d'une façon plus éclatante que dans le génie de leurs fictions & dans l'histoire de leurs héros fabuleux, de leurs poëtes & de leurs sages ; tous ces contes inventés ou embellis par une imagination toute remplie elle-même des sentimens qui avoient rendu célèbres ces héros, contribuerent à allumer cet enthousiasme qui, dans la suite, tourna toutes les vues de ce peuple vers les objets d'où dépend la prospérité nationale.

Ce fut, sans doute, un avantage inestimable pour eux d'avoir un système de fables original, qui fût déja établi par la tradition, dans la croyance commune; c'étoit un champ tout préparé pour la morale, & un véhicule propre à répandre les instructions de toute espece, que des hommes habiles adapterent à ce fond, pour perfectionner la raison, l'imagination & le sentiment. Les passions maniées par les poëtes, passerent de leurs vers dans l'ame de leurs lecteurs, & les pensées des hommes de génie, en devenant populaires, devinrent un foyer où l'esprit national puisoit sa chaleur & son énergie.

Une mythologie d'emprunt, une littérature fondée sur des rapports à un pays étranger, chargée d'allusions étrangeres, sont d'un usage bien moins étendu ; elles ne parlent qu'aux savans, & quoique destinées à éclairer l'esprit & à former le coeur, il pourroit arriver qu'elles produisissent les effets contraires, par la raison qu'elles ne sont à la portée que d'un très-petit nombre de personnes ; il pourroit arriver qu'elles ne servissent qu'à établir l'empire de l'imagination sur les ruines de la raison & du sens commun, & à faire que ce qui fut chanté, au moins innocemment, par le matelot Athénien courbé sur son aviron, ou par le berger conduisant son troupeau, fournît matiere à la corruption, & donnât naissance à la pédanterie & à l'orgueil scholastique.

Peut-être nos connoissances elles-mêmes, autant que leur influence peut s'étendre, contribuent-elles jusqu'à un certain point à ravaler notre esprit national. Nous tenons notre littérature de races différentes de la nôtre, qui fleurirent dans un temps où nos ancêtres étoient encore dans la barbarie, & par conséquent méprisés de ceux qui étoient parvenus à la possession des arts & des lettres ; delà ce préjugé humiliant, que nous ne sommes nous-mêmes que les rejettons de peuples vils & méprisables ; sur lesquels les choses d'imagination & de sentiment n'eurent aucune prise, jusqu'à ce que le génie leur eût été, pour ainsi dire, inspiré par des exemples, & fût perfectionné par des leçons apportées du dehors. Les Romains de qui nous tenons la plus grande partie de nos connoissances historiques, ont masqué la grossiéreté de leurs ancêtres avec un système de vertus qu'ils leur ont attribuées, & qui sont peut-être également l'appanage de toute nation simple: telles que le mépris des richesses, l'amour de la patrie, l'intrépidité dans les dangers, la constance à supporter les fatigues & les calamités. Ils ont, au contraire, déprimé nos ancêtres, à qui peut-être ils n'avoient à reprocher que de ressembler aux leurs, du moins dans l'ignorance de leurs arts & le mépris des commodités que ces arts s'occupent à procurer.

C'est neanmoins aux Grecs & aux Romains que nous sommes redevables des peintures, non-seulement les plus authentiques & les plus instructives, mais encore les plus intéressantes de ces tribus dont nous descendons. Ces écrivains pénétrans & sublimes, connoissoient la nature humaine, ils savoient en saisir les traits, & rendre ses différens caracteres dans ses différentes situations. Ils furent mal remplacés dans cette carriere; les premiers historiens de l'Europe moderne, élevés la plupart dans la profession monastique, & resserrés dans le cercle étroit de la vie religieuse, étoient incapables, soit par le choix des matieres, soit par le goût de leurs compositions, de donner aucune idée de l'esprit agissant de l'espece humaine dans ses positions diverses. Ils ont laissé périr les productions du génie, pour s'attacher à conserver ce qu'il leur plaît d'appeller les faits; l'histoire, dans leurs mains, n'est qu'une narration séche qui ne présente aucune connoissance des hommes; ils croyent avoir rempli complettement le devoir d'historiens, lorsque, dans un amas d'événemens & dans une foule de souverains qu'ils s'attachent à placer sui-

vant

vant l'ordre des temps & de leur succession, on cherche envain ces traits caractéristiques de l'esprit & du cœur, qui seuls constituent l'intérêt & l'utilité de toute histoire.

Delà vient que nous abandonnons l'histoire de nos aïeux à l'endroit où César & Tacite l'ont laissée; & peut-être n'avons-nous pas tort, en désespérant d'y rien trouver qui puisse nous intéresser ou nous instruire, jusqu'à ce que nous en soyons venus aux temps qui sont liés aux affaires présentes, & font partie du système qui se suit de nos jours. Mais nous ne sommes pas pour cela autorisés à conclure que cette partie de l'histoire soit en elle-même plus stérile, & la scène des affaires humaines moins intéressante dans l'Europe moderne, qu'elle ne le fut jamais sur aucun des théâtres du monde, où l'espèce humaine ait eu lieu de déployer les mouvemens du cœur, & de produire des efforts de générosité, de grandeur d'ame & de courage.

Tome I.   K

C'est en vain que, dans les âges cultivés & polis, des hommes de génie & du plus grand talent entreprennent de rassembler les matériaux qui restent de ces âges inconnus, & que par d'heureux efforts ils parviennent à rétablir la chaîne de l'histoire, & à lier les siecles d'ignorance avec les événemens d'une date récente : leurs essais ne peuvent être que très-imparfaits & très-suspects; avec des expressions qui, transportées dans un nouvel état de société, ont nécessairement changé de signification, comment pourroit-on nous donner de justes idées de ce que fut l'espece humaine dans des situations si différentes, & dans des tems si réculés ?

Pour tirer d'historiens de cette espece les lumieres que leurs écrits sont capables de donner, il faut souvent laisser à part les termes généraux dont ils se servent, & chercher les véritables mœurs d'un siecle dans des particularités minutieuses qu'ils nous offrent de temps en temps. On trouve les titres de *royal* & de *noble* appliqués aux familles de *Tarquin*, de *Collatinus* & *Cincinnatus*; mais on voit en même-temps Lucrece, au milieu de ses femmes, occupée de soins & de travaux domestiques, & Cincinnatus conduisant la charrue. Les dignités & même les offices de la société civile, étoient connus en Europe il y a bien des siecles, sous les mêmes dénominations, qu'ils ont aujourd'hui; mais on lit dans l'histoire d'Angleterre, qu'un roi & sa cour étant assemblés pour célébrer un jour de fête, un proscrit qui ne subsistoit que par ses vols, se présenta pour prendre part au festin; que le roi lui-même se leva pour forcer ce misérable à se retirer; que la querelle s'étant échauffée, le roi fut tué (*a*). Un chancelier, premier ministre, dont la magnificence & le train somptueux étoient un objet d'admiration

_____

(*a*) Hist. de M. Hume, chapitre 8.

& d'envie, avoit ses appartemens garnis tous les jours; en hyver de foin & de paille fraîche, & en été, de branches vertes & de joncs. Le souverain lui-même dans ce temps-là recevoit une certaine quantité de fourrage pour son lit (a). Ces particularités caractéristiques, ces traits pittoresques nous présentent un tableau fidele de ces siécles, écartent les idées de distinction entre le monarque & les sujets, & transportent l'imagination dans cet état de familiarité grossiere où vécurent nos ayeux, & durant lequel ils agissoient par des vues & suivant des principes que nous pénétrons rarement, lorsque nous entreprenons d'étudier leur caractere, ou de décrire ce qui s'est passé de leur temps.

Thucydide, malgré le préjugé de son pays contre tout ce qui portoit le nom de *barbare*, comprit que c'étoit dans les usages des nations bar-

---

(a) Ibidem.

bares qu'il devoit étudier les mœurs de l'ancienne Grèce.

Les Romains avoient dans les peintures qu'ils ont faites de nos ancêtres le portrait des leurs; si jamais quelque horde de l'Arabie devenoit une nation civilisée; si quelque peuplade de l'Amérique échappoit au poison dont nos commerçans d'Europe infectent ces contrées; ce seroit dans les relations faites de nos jours, & dans les descriptions que nous en donnent aujourd'hui les voyageurs, qu'il faudroit que ces peuples, après plusieurs siecles révolus, allassent chercher des documens sur leur origine. C'est dans leur condition actuelle que nous pouvons voir, comme dans un miroir fidele, les traits de nos propres ancêtres; c'est d'après eux, que nous devons tirer toutes nos inductions, touchant l'influence des diverses situations où nous avons lieu de croire que nos peres se sont trouvés.

Qu'est-ce qui pourroit distinguer un Germain ou un Breton d'un Américain, soit à l'égard de l'extérieur de la personne, soit à l'égard de l'esprit, des manieres & des idées ? Armés l'un & l'autre de leur arc & de leur dard, ils sont réduits à courir les forêts, & dans un climat également dur & variable, à trouver leur subsistance dans la chasse.

Si dans un âge avancé on vouloit se former des notions justes des progrès que l'on a faits depuis le berceau, il faudroit aller prendre un enfant dans les bras de sa nourrice, & observer ses développemens & sa marche ; c'est chez les hommes qui sont encore dans le période de la vie que nous avons intention de peindre, qu'il faut aller chercher le modele de moeurs qui n'existent plus que chez eux, & dont sans cela il seroit impossible de retracer quelque idée.

CHAPITRE II.
Des Nations grossieres, avant l'établissement de la propriété.

DE l'une à l'autre extrémité de l'Amérique, depuis Kamschatka à l'occident jusqu'au fleuve d'Oby, & depuis la mer septentrionale, dans toute cette immense contrée, jusqu'aux confins de la Chine, de l'Inde & de la Perse ; de la mer Caspienne à la mer Rouge presque sans exception ; & delà à travers le continent intérieur & le long de la côte septentrionale de l'Afrique ; par-tout on rencontre des nations auxquelles nous donnons les noms de *barbares* ou de *sauvages*. Cette immense étendue de terre, renfermant une si prodigieuse variété de situations, de climats, de sols, peut nous montrer dans les mœurs de ses habitans toutes les diversités qui résultent de l'influence inégale du soleil, jointe à une nourriture & une façon de vivre différentes. Mais avant que d'entamer aucune discussion relative à ce sujet, il faut préalablement tâcher de nous former des notions générales de notre espece, dans son état de grossiéreté, & apprendre à ne pas confondre l'ignorance avec la stupidité, & la privation des arts avec le défaut de capacité.

Parmi les nations qui habitent ces contrées ou quelqu'autre partie des moins cultivées de la terre, quelques-unes tirent principalement leur subsistance de la chasse, de la pêche ou des productions naturelles du sol. Celles-là s'embarrassent peu de la propriété, & à peine trouve-t-on chez elles quelques commencemens de subordination ou de gouvernement. D'autres possedent des troupeaux & tirent toute leur subsistance des pâturages; celles-là savent ce que c'est que pauvreté & richesse. Elles connoissent les rapports de patron & de client, de maître & de serviteur; & se laissent classer suivant la mesure de leur richesse. Cette distinction doit produire une différence de caractere essentielle, & nous offre deux points distincts sous lesquels nous pouvons envisager l'histoire de notre espece dans le premier degré de grossiéreté; l'état de sauvage, où toute idée de propriété est encore inconnue; & l'état de barbare, où la propriété, quoiqu'elle ne soit pas garantie par des loix, est un objet capital de desir & de soins.

Il est évident que la propriété est une preuve d'avancement. Entr'autres particularités qui sont le produit du temps, elle exige une méthode quelconque de définir la possession. Tout desir de propriété vient de l'expérience; & les moyens propres à l'acquérir, ou à l'augmenter supposent une habitude d'agir dans la vue d'une fin éloignée, assez puissante pour l'emporter sur la disposition actuelle au repos ou à la jouissance. Cette habitude ne s'acquiert que lentement, & c'est véritablement ce qui

K v

distingue particulièrement les nations parvenues à la possession des arts méchaniques & relatifs au commerce.

Dans une tribu qui ne subsiste que par la chasse ou la pêche, les armes, les ustensiles & la fourrure que porte l'individu, sont pour lui les seuls objets de propriété. La nourriture du lendemain est encore vivante & libre dans la forêt, ou cachée sous les eaux; il faut qu'elle soit prise avant que d'être sa propriété; & même alors, étant une acquisition faite par plusieurs réunis pour chasser ou pêcher en commun, elle appartient à la communauté; elle est employée au besoin présent, ou va augmenter le magasin public.

Par-tout où les nations sauvages joignent à la pratique de la chasse quelque espèce d'agriculture grossière, comme dans presque toutes les parties de l'Amérique, elles suivent toujours l'analogie de leur objet principal, à l'égard du sol & des fruits de la terre. Les femmes labourent en commun, comme les hommes chaffent en commun; après avoir partagé les travaux de la culture, on partage les produits de la récolte. L'étendue de terre qu'on a cultivée, de même que le diftrict où l'on a coutume de chaffer, eft réputée la propriété de la nation, mais elle n'eft point affignée par parcelles aux membres de la nation. On va en bandes préparer la terre, femer, planter & recueillir. La récolte eft ferrée dans le grenier public, & enfuite fe diftribue, à des temps marqués, aux différentes familles pour leur fubfiftance (*a*). Lorfque la nation fait quelque commerce avec les étrangers, les retours même des marchés font apportés à la maffe commune (*b*).

De même que la fourrure & l'arc appartiennent à l'individu, de même la cabane & fes uftenfiles appartiennent à la famille; & fi les femmes

---

(*a*) Hift. des Caraïbes.
(*b*) Charlevoix.

sont chargées des soins domestiques; il paroît aussi qu'elles ont la propriété du ménage. Les enfans sont censés appartenir à la mere, sans égard à la descendance du côté paternel. Les mâles, jusqu'à ce qu'ils se marient, demeurent dans la cabane où ils sont nés ; mais dès qu'ils s'unissent à l'autre sexe, ils changent de demeure, & deviennent une acquisition pour la famille dans laquelle ils ont pris leurs femmes. Le chasseur & le guerrier sont regardés par la mere de la famille, comme une partie de sa richesse ; ils sont réservés pour les dangers, & les occasions importantes ; & durant la cessation des conseils publics, & les intervalles de la chasse ou de la guerre, ils sont entretenus par les soins des femmes, & passent le temps dans l'inaction, occupés de leur seul amusement (a).

L'un des sexes attachant la principale considération au courage, aux

_____

(a) Lafitau.

talens pour la guerre & le gouvernement, cette espece de propriété qu'il abandonne à l'autre sexe, est, dans la réalité, une marque de sujétion, & non l'effet d'un ascendant acquis, comme l'ont prétendu quelques écrivains (a). Elle se réduit à des soins & des peines dont le guerrier ne veut point s'embarrasser. C'est une servitude, un travail continuel où il n'y a point d'honneur à gagner ; & la portion de la société qui est vouée à ces fonctions, est en effet ce qu'étoient les Ilotes à Sparte, les esclaves de leur pays. Si, dans cette destination différente des deux sexes, le mépris des arts vils & mercenaires, tant que les hommes en font gloire, est une barriere capable d'éloigner pour quelques siecles, l'établissement cruel de la servitude ; si dans cette alliance, inégale à la vérité, mais cimentée par la tendresse, les affections du cœur ont assez de force pour pré-

────────────────

(a) Ibidem.

venir la dureté dont on est porté à user envers des esclaves ; n'en est-ce pas assez pour préférer, à l'égard de cet usage même, autant peut-être qu'à tous autres égards, les premieres suggestions de la nature à la plupart des raffinemens qu'on leur a substitués.

Si des sociétés laissent la propriété subsister sur le pied que nous venons d'exposer, il est aisé de croire ce qu'ajoutent les voyageurs, que les distinctions de rang ou de condition y sont absolument inconnues ; qu'elles n'ont d'autre subordination que la répartition des fonctions, qui suit la différence de l'âge, des talens, des dispositions. Les qualités personnelles y donnent de l'ascendant dans les circonstances où l'exercice de ces qualités est nécessaire ; mais elles ne conservent, dans les temps ordinaires, aucun vestige de pouvoir, aucune prérogative. Le guerrier qui a défait les ennemis à la tête de la jeunesse du pays, ou qui s'est distingué dans la conduite de la chasse, se trouve à son retour au niveau du reste de sa tribu; quand il n'est question que de manger & dormir, quelle prééminence pourroit-il avoir ? le héros ne mange & ne dort pas mieux qu'un autre.

Par-tout où il n'y a point de profit attaché à l'autorité, les uns ont autant de répugnance pour les embarras d'un commandement perpétuel, que les autres en auroient pour une sujétion perpétuelle. « J'aime la » victoire, j'aime les actions d'éclat, » dit Montesquieu, dans le caractere » Sylla ; mais je n'ai aucun goût pour » les détails languissans du gouverne- » ment pacifique, & je hais la repré- » sentation qu'exigent les grandes pla- » ces ». Peut-être est-ce là avoir rencontré la façon de penser la plus générale dans les sociétés les plus simples ; l'on n'y connoît d'autre élévation que celle qui est fondée sur le mérite ; l'intérêt n'y peut offrir que des motifs foibles, & ces deux circonstances tiennent lieu du sentiment qui fait dédaigner l'autorité. (*)

Il ne faut pas imaginer cependant que l'ignorance seule constitue la trempe d'esprit, dans cet état de simplicité. Par-tout les hommes ont le sentiment de leur égalité, & sont ardens à en maintenir les droits. Lors même qu'ils suivent un chef en campagne, ils ne souffriroient point qu'il prétendît à un commandement formel : ils ne sont point asservis à ses ordres ; ils marchent, non en conséquence d'un engagement militaire, mais sur la foi mutuelle, & conduits par une égale ardeur pour le succès de l'entreprise (*a*).

Nous sommes portés à croire que ce que nous venons de dire de ces peuples, peut s'appliquer aux autres nations, dans des dégrés différens, à proportion du plus ou moins de progrès qu'elles ont fait, relativement à l'établissement de la propriété. Chez les Caraïbes & les autres naturels des climats les plus chauds de l'Amérique, la dignité de capitaine est ou hé-

---
(*a*) Charlevoix.

réditaire ou elective, & se conserve toute la vie : l'inégalité dans la répartition de la propriété produit parmi eux une subordination visible (a). Mais chez les Iroquois & les autres nations de la Zône tempérée, les titres de *magistrat* & de *sujet*, de *noble* & de *plébéien*, sont aussi peu connus que ceux de *riche* & de *pauvre*. Les vieillards, sans être revêtus d'aucune puissance coercitive, se servent de leur autorité naturelle pour diriger & déterminer les résolutions de leur tribu : c'est la supériorité de forces & de valeur qui fait le chef militaire; l'homme d'état n'a rien qui le distingue que l'attention avec laquelle son avis est écouté; & le guerrier, que la confiance avec laquelle la jeunesse s'empresse à le suivre aux combats. Si l'on prétend que cet ensemble constitue une espèce de gouvernement politique, au moins nos langues man-

---

(a) Relation de l'Isthme de Darien, par Wafer.

quent-elles de termes pour le défigner. Le pouvoir n'est rien de plus que l'ascendant naturel que donne la supériorité d'esprit ; & les fonctions des divers emplois, ne sont que l'exercice naturel du caractere de ceux qui les remplissent ; tandis que la communauté procéde avec une apparence d'ordre, il n'y a rien qui puisse donner à aucun des membres le plus léger sentiment d'inégalité (a).

C'est dans cet état de choses informe à la vérité, mais heureux, où l'âge seul donne entrée au conseil, où la jeunesse, l'ardeur, la bravoure, sont les titres qui menent à la dignité de chef ; où la communauté s'assemble en corps dans toute occasion d'alarme ; c'est-là, nous osons le dire, que l'on trouve la véritable origine des sénats, des puissances exécutrices, des assemblées du peuple ; institutions qui ont immortalisé les législateurs de l'antiquité. Suivant l'é-

_____

(a) Hist. des cinq nations, par Colden.

tymologie du mot, le sénat, chez les Grecs aussi-bien que chez les Latins, étoit originairement composé des vieillards. A Rome, le général faisoit proclamer l'enrôlement à peu-près de la même maniere que le guerrier Américain; & les citoyens, en conséquence d'un engagement volontaire, se préparoient à entrer en campagne. Les mêmes inspirations de la nature qui ont dicté la police des nations au milieu des forêts de l'Amérique, avoient été suivies long-temps auparavant sur les bords de l'Eurotas & du Tibre; Lycurgue & Romulus trouverent le modele de leurs institutions, où les membres de toute nation sauvage trouverent la premiere méthode de réunir leurs talens, & de combiner leurs forces.

Chez les nations septentrionales de l'Amérique, tout individu est indépendant; mais il est lié à une famille par ses affections & ses habitudes. Les familles, comme autant de tribus séparées, ne sont soumises à aucune inspection extérieure, à aucun gouvernement ; tout ce qui se passe dans leur intérieur, est censé ne regarder qu'elles, y eût-il effusion de sang & meurtre même. Ces familles font en même-temps partie d'un canton ; les femmes se rassemblent pour semer le maïs ; les vieillards pour tenir conseil ; les chasseurs & les guerriers se joignent à la jeunesse de leur village pour se mettre en campagne. Plusieurs de ces cantons se réunissent pour former un conseil national, ou pour exécuter une entreprise qui intéresse la nation. Au temps des premiers établissemens des Européens dans l'Amérique, six de ces nations s'étoient liguées ; elles avoient leurs amphictions ou leurs états généraux ; la stabilité de leur union & la sagesse de leur conduite, leur avoient acquis l'ascendant sur tout ce qui habite depuis l'embouchure du fleuve S. Laurent, jusqu'à celle du Mississipi (a). Elles firent voir

---

(a) Lafitau, Charlevoix, Colden, &c.

qu'elles entendoient aussi-bien les objets de la confédération que les intérêts de nations séparées; elles s'étudioient à maintenir entr'elles un équilibre; le représentant d'une contrée épioit les desseins & les démarches des autres, & ne manquoit aucune occasion d'augmenter l'influence de sa tribu. Elles avoient des alliances, des traités, & comme les nations Européennes, elles les respectoient ou les violoient par la raison d'état; le sentiment de la nécessité ou les considérations d'utilité les maintenoient en paix; la jalousie ou tout autre sujet de rupture, leur faisoit reprendre les armes.

Ainsi, sans aucune forme fixe de gouvernement, sans aucun lien d'union, & par un effet auquel l'instinct semble avoir plus de part que la raison, elles se conduisirent avec toute la bonne intelligence, le concert & la vigueur de nations. Les étrangers, sans pouvoir découvrir quel est le magistrat, ou sur quel pied le sénat est formé, trouvent en tout temps, un conseil avec qui négocier, & des guerriers prêts à combattre. Sans police, sans loix coactives, leur société domestique marche avec ordre; des mœurs exemptes de dispositions vicieuses, sont une sauvegarde plus sûre contre les crimes que les meilleurs établissemens publics.

Il arrive cependant quelquefois des désordres, sur-tout dans les temps de débauche, lorsque l'usage immodéré des liqueurs enyvrantes les fait sortir de leur retenue ordinaire, enflamme leurs passions impétueuses, & fait naître parmi eux des disputes & des querelles sanglantes. Lorsqu'il se commet un meurtre, il est rare que le meurtrier soit appellé à rendre compte de son action; ce sont les parens, les amis du mort, qui en font justice; ce sont tous ses compatriotes, si le meurtier est étranger, & quelquefois la propre nation de celui-ci, quand le délit est de nature à alarmer la société. La nation, le canton, la famille du coupable s'appliquent à réparer, par des présens, l'offense commise par un de leurs membres, & d'appaiser les parties intéressées, pour prévenir un mal plus funeste à la communauté que le délit même, les actes de vengeance & d'animosité qui ne manqueroient pas de s'ensuivre (a). Il est rare cependant que l'effusion de sang reste impunie; si le meurtrier continue d'habiter le pays où il a commis le crime: l'ami du mort sait dissimuler & non étouffer son ressentiment; fallût-il attendre des années entieres, il est sûr de venger l'injure faite à son ami ou à sa maison.

Ces considérations les rendent circonspects & attentifs sur eux-mêmes, elles les tiennent en garde contre l'impétuosité de leurs passions, & mettent dans leur conduite un phlegme & une retenue fort supérieurs à ce qu'on voit en ce genre chez les nations policées. Cela n'em-

_____
(a) Lafitau.

pêche pas (dit Charlevoix) qu'ils ne soient affectueux dans leurs manieres, & que dans leurs entretiens, ils n'ayent les uns pour les autres des égards plus flatteurs & plus touchans que tout l'étalage & le cérémonial de notre politesse.

Le même écrivain a remarqué chez les sauvages de l'Amérique septentrionale où il a voyagé, que jamais on n'y parle de bienfaisance & de générosité avec des idées de devoir. L'affection est en eux ce que sont les mouvemens naturels : elle les fait agir sans aucune considération des conséquences. Faire un acte de bonté, c'est pour eux satisfaire un désir ; la chose faite, il n'en reste aucune trace dans leur mémoire. Une faveur reçue peut également être ou n'être pas un lien d'amitié : & dans le dernier cas, les parties sont autant éloignées l'une que l'autre de toute idée de reconnoissance, de sorte que l'une ne croit pas plus avoir acquis un droit, que l'autre avoir contracté une obligation. Ils

donnent

donnent & reçoivent avec le même esprit que Tacite a remarqué chez les anciens Germains: ils s'en font un plaisir, mais ils ne pensent pas qu'un don impose aucun devoir. (a). Au reste ces sortes de dons sont de peu de valeur, si ce n'est lorsqu'ils sont le gage d'un marché ou le sceau d'un traité.

C'étoit leur maxime favorite, que, suivant le droit naturel, un homme ne doit rien à un autre; que, par conséquent, aucun n'est tenu de porter une charge plus pesante, ou de subir un traitement plus dur que les autres (b). C'est ainsi qu'en partant d'un principe outré & anti-social en apparence, ils ont trouvé les fondemens de la justice; & ils en observent les loix avec une droiture & une exactitude auxquelles on ne voit pas que la civilisation ait rien ajouté chez aucun peuple. La liberté entiere qui regne parmi eux sur tout ce qui a rap-

_____

(a) *Muneribus gaudent, sed nec data imputant, nec acceptis obligantur.*
(b) Charlevoix.

port à la bienfaisance & à l'amitié, ne fait qu'engager le cœur plus fortement, lorsqu'une fois il s'est pris d'affection. Nous aimons à choisir nos objets sans gêne & sans contrainte ; la bienveillance elle-même n'est plus qu'une tâche, qu'une sorte de dette, dès que la regle commande les devoirs de l'amitié. Exiger des égards, c'est corrompre plutôt que perfectionner le systême de la morale ; notre rigidité sur l'article de la reconnoissance, & ces propos éternels qui tendent à en rendre le devoir plus sacré & plus inviolable, prouvent seulement que nous en méconnoissons la nature ; ils trahissent cette sensibilité pour l'intérêt, qui nous domine intérieurement, qui fait que nous apprécions l'amitié & la générosité elles-mêmes d'après leurs avantages, & que nous portons un esprit de trafic dans un commerce de sentiment. Delà il arrive souvent que nous sommes obligés d'éviter une faveur qu'on veut nous faire, dans les mêmes vues qui nous font esquiver un engagement avilissant, ou rejetter les offres de la séduction. Auprès du sauvage sans raffinement, toute espece de faveur est bien venue, & tout présent est reçu sans réflexion & sans réserve.

Dans l'origine, l'amour de l'égalité & l'amour de la justice étoient la même chose : & quoique les diverses constitutions des sociétés ayent réparti les privileges d'une maniere inégale entre leurs membres ; quoique la justice elle-même veuille que ces privileges soient respectés ; il n'en est pas moins vrai, que, quiconque auroit oublié que les hommes sont originairement égaux, deviendra aisément un esclave, & que, si cet homme avoit la qualité de maître, il faudroit bien se garder de laisser à sa discrétion les droits de ses semblables. Il n'y a que cet heureux principe pour donner à l'ame le sentiment de son indépendance, pour la rendre indifférente aux avantages qui sont au pouvoir d'autres hommes, pour l'arrêter au moment de commettre une injustice, & tenir le cœur ouvert aux impressions de la bienveillance & de la générosité. C'est lui qui inspire à l'Américain sans frein cette bonté qui est peinte sur son visage, & ce respect pour le bonheur d'autrui, qui temperent jusqu'à un certain point l'arrogance & l'orgueil de sa conduite, & qui, dans les temps de paix & de sécurité, garantissent à l'étranger un accès & une communication sûrs, sans le secours de gouvernement ni de loix.

Chez ces peuples, l'honneur & la considération sont attachés, non à la fortune, à l'équipage, mais à la valeur éminente & aux grands talens: les talens les plus estimés sont ceux dont leur situation exige un usage plus fréquent, la parfaite connoissance du pays, & l'habileté en fait de ruses de guerre. Chez les Caraïbes, un capitaine avoit à subir un examen sur ces sortes de mérite. Lorsqu'il s'agissoit d'élire un nouveau chef, on envoyoit un batteur d'estrade jusqu'au pays ennemi, à travers les forêts qui les en séparoient; à son retour, on interrogeoit le candidat sur la route qu'il avoit dû tenir; on lui nommoit une fontaine, un ruisseau de la frontiere, il falloit qu'il assignât à chaque objet sa place; qu'il indiquât le chemin le plus court pour arriver à tel ou tel poste, & qu'il allât y planter un pieu (*a*). Aussi ces sauvages reconnoissent-ils la trace d'un homme ou d'une bête, durant l'espace de plusieurs lieues de forêts impratiquées, & trouvent leur chemin au travers d'un continent inhabité & couvert de bois, par le moyen de certaines observations très-déliées, qui échappent au voyageur accoutumé à d'autres secours. Sur leurs frêles canots, ils font les trajets de mer les plus périlleux, avec une dextérité égale à celle du pilote le plus expérimenté (*b*). S'agit-il de pénétrer les

---

(*a*) Lafitau.
(*b*) Charlevoix.

pensées & les intentions de ceux avec qui ils ont à traiter, leur coup d'œil est perçant & sûr ; & lorsqu'ils ont dessein de tromper, ils savent s'envelopper avec tant d'art, qu'il est difficile à l'homme le plus subtil de leur échapper. Dans leurs conseils publics, ils ont une éloquence figurée, nerveuse, remplie de chaleur; & dans la négociation des traités, ils montrent le plus parfait discernement sur leurs intérêts nationaux.

Bornés au degré d'intelligence qu'exige le détail de leurs affaires, & à l'espece de capacité nécessaire aux fonctions qu'ils peuvent avoir à remplir dans les différentes occurrences, leur esprit ne va pas plus loin ; la science lui est étrangere, aussi-bien que la recherche de ce qu'on appelle principes généraux. Ils paroissent même incapables de suivre aucunes conséquences éloignées, au-delà de ce que l'expérience leur a appris dans la chasse ou dans la guerre. Ils se reposent sur chaque saison du soin de leur subsistance ; l'été, ils vivent des fruits de la terre ; & l'hyver, ils vont chercher leur proie à travers des forêts & des déserts couverts de neige. Ils ne s'avisent pas de former, dans un moment, de ces maximes qui pourroient prévenir les erreurs du moment qui doit suivre ; ils ne connoissent point ces retours de l'esprit sur lui-même, qui, dans les intervalles de la passion, produisent une honte vertueuse, la compassion, le remords ou la force de commander à ses desirs. Il leur arrive rarement de se repentir d'un acte de violence ; ils ne croyent pas même qu'ils soient responsables dans l'état de sobriété & de calme, de ce qu'ils ont fait dans l'yvresse, ou dans la chaleur de la passion.

Rien de plus abject, de plus misérable que leurs superstitions : si c'étoit là une chose particuliere aux nations sauvages, nous ne pourrions assez vanter les effets de la civilisation ; mais c'est un article sur le-

L iv

quel il y a peu de nations qui soient en droit de se moquer de leurs voisins. Quand on a une fois observé les superstitions d'un peuple, on ne trouve plus dans celles des autres que des différences bien légeres. C'est par-tout même foiblesse, mêmes absurdités, émanées d'une source commune, de l'ignorance & de la crainte des agens invisibles, que l'on suppose conduire les événemens auxquels la prévoyance humaine ne peut s'étendre.

Dans tout ce qui tient à la marche réguliere & connue de la nature, l'esprit se fie à lui-même ; mais dans les situations extraordinaires, étranges, il est la dupe de sa perplexité ; au lieu de se reposer sur sa prudence & son courage, il a recours à la divination, & à mille pratiques qui, plus elles sont déraisonnables, plus elles sont toujours révérées. Le doute & l'anxiété enfantent la superstition ; l'ignorance & le mystere la nourrissent. D'un autre côté, ses maximes ne sont pas toujours confondues avec celles de la vie commune, & ses foiblesses ou ses extravagances n'excluent pas toujours l'activité, la pénétration, la prudence & le courage que les hommes ont coutume de mettre dans la conduite de leurs affaires ordinaires. Un Romain découvrant l'avenir dans les mouvemens du bec des oiseaux, ou un roi de Sparte consultant les entrailles d'un animal, Mithridate se faisant expliquer ses songes par ses femmes, sont des exemples qui prouvent assez que sur cet article, une imbécillité puérile est très-compatible avec les plus grands talens militaires & politiques.)

La confiance dans l'efficacité des pratiques superstitieuses, n'est point particuliere à tel ou tel âge, à telle ou telle nation. Parmi les Grecs mêmes & les Romains les plus accomplis, il en est bien peu qui n'ayent payé ce tribut à la foiblesse. A leur égard, le plus haut degré de civilisation fut inutile, pour les en garantir. Cet avantage étoit réservé au seul flambeau de la vraie religion, ou à l'étude de la nature : elles nous ont appris à substituer à ces fantômes qui amusent ou effrayent l'ignorant, une providence sage qui opère par la médiation des causes physiques.

Le principal point d'honneur chez les nations sauvages de l'Amérique, de même que dans toute société d'hommes qui n'est pas encore corrompue, c'est le courage. Mais ce point d'honneur s'entretient chez elles par des moyens bien différens de ceux qui sont usités chez les nations européennes. Leur manière ordinaire de faire la guerre, est l'embuscade; surprendre l'ennemi, en faire boucherie; prendre le plus grand nombre de prisonniers, & s'exposer eux-mêmes le moins qu'il est possible; voilà le but qu'ils se proposent. Mettre sa personne en danger pour attaquer de front l'ennemi, leur paroît une folie; & la victoire n'a plus de prix à leurs yeux, dès qu'elle est souillée du sang de leurs concitoyens. Ils ne se piquent point, comme on fait en Europe, de défier leur ennemi à avantage égal. Au contraire, ils font gloire d'approcher comme des renards, de fuir comme des oiseaux, de même qu'ils font gloire de dévorer comme des lions. En Europe, on regarde comme un honneur d'être tué sur le champ de bataille; chez les Américains (a), c'est un malheur. Ils réservent leur courage pour d'autres épreuves, lorsqu'ils sont attaqués inopinément, ou qu'ils tombent entre les mains de leurs ennemis, & qu'il s'agit de soutenir leur honneur personnel & celui de leur nation, au milieu de tourmens qui demandent plutôt des prodiges de patience que de valeur.

Dans ces occasions, loin de laisser soupçonner qu'ils desirent d'éviter le choc, ils regardent comme un

_____
(a) Charlevoix.

déshonneur de s'y dérober, même par une mort volontaire; & le plus grand outrage que l'on puisse faire à un prisonnier, c'est de lui refuser les honneurs d'un homme dans le choix de son supplice. « Laissez-là vos cou- » teaux » disoit un vieillard au milieu des tortures, « faites-moi plutôt » mourir par le feu, afin que ces » chiens, vos alliés d'au-delà des » mers, apprennent à souffrir com- » me des hommes (a) ». Dans ces épreuves solemnellement barbares, le plus souvent le patient provoque ses bourreaux, & par ses discours irrite leur animosité aussi-bien que la sienne. De pareils prodiges de constance, en nous faisant frémir pour la nature humaine à la vue de ses erreurs, nous forcent en même-temps d'admirer l'immensité de ses forces.

Le même peuple chez qui regnoit cette pratique, étoit aussi dans l'u-

───────────────────

(a) Colden.

sage de réparer ses pertes, en adoptant les prisonniers de guerre : souvent, au moment même du supplice, la main levée pour frapper, donnoit le signal de l'adoption, & par-là le prisonnier devenoit le fils ou le frere de son ennemi, & partageoit tous les priviléges de citoyen. Dans ces tortures qu'ils font subir à leurs prisonniers, il ne paroît pas qu'ils soient conduits par des motifs de haine ou de vengeance : c'est le point d'honneur qui anime également & ceux qui les souffrent, & ceux qui les font souffrir ; & même par une sorte de tendresse & de prédilection bien étrange, ils sont plus cruels envers ceux qu'ils veulent traiter avec plus de considération : un lâche reçoit une prompte mort de la main des femmes : mais un brave est censé avoir droit à toutes les épreuves de courage qu'il est possible d'imaginer & de mettre en usage. « Je me félicitois, disoit un vieillard à son prisonnier, de ce qu'il m'étoit échu pour mon

» lot, un jeune homme aussi coura-
» geux : je me proposois de te pla-
» cer dans la couche de mon neveu,
» qui a été tué par tes compatriotes ;
» de transporter sur toi toute ma ten-
» dresse ; de faire de ta compagnie
» la consolation de ma vieillesse :
» mais mutilé, estropié, comme je
» te vois, la mort est pour toi préfé-
» rable à la vie : ainsi prépare-toi à
» mourir en homme (a) ».

C'est peut-être dans la vue de ces horribles parades, ou plutôt par l'admiration qu'ont les Américains pour le courage, leur premier mobile, que, dès l'enfance, ils prennent tant de soins d'endurcir leurs nerfs (b). On accoutume les enfans à se faire des défis à qui supportera les

_____

(a) Charlevoix.

(b) Le même écrivain dit avoir vu un garçon & une fille, les bras nuds liés ensemble, placer entr'eux un brasier ardent, pour éprouver qui des deux l'endureroit plus long-temps.

tourmens les plus douloureux; les jeunes gens ne sont admis dans la classe des hommes qu'après avoir donné de fortes preuves de patience; & les chefs subissent les épreuves de la faim, du feu & de la suffocation (a).

On pourroit imaginer que chez les nations grossieres où les moyens de subsistance sont si difficiles, les hommes ne peuvent jamais s'élever au-dessus des idées qui y ont rapport; & que dans une pareille situation, on doit voir fréquemment des traits de l'esprit le plus bas & le plus mercenaire. C'est cependant le contraire. Guidés sur ce point par le desir naturel, les hommes, dans l'état le plus grossier, ne s'occupent des objets de besoin, qu'autant que le besoin l'exige ; leurs desirs à l'égard de la fortune, ne vont pas au-delà du repas qui satisfait leur appétit : ils ne voyent dans la possession de la ri-

_____

(a) Lafitau.

chesse, rien qui ressemble à la prééminence, telle que l'habitude de la cupidité, la vanité ou l'ambition peuvent en suggérer l'idée : aucun travail ne peut les attacher, à moins qu'il n'intéresse immédiatement une passion, & ils dédaignent toute occupation qui ne leur offre point des dangers à affronter & de la gloire à acquérir.

Les anciens Romains ne sont pas les seuls qui ayent attaché du mépris aux professions mercenaires & aux sentimens d'intérêt. Le même esprit regne dans toute société grossiere & indépendante. « Je suis un guerrier, » & non un marchand, » répondit un Américain au gouverneur du Canada, qui lui proposoit des marchandises en échange de quelques prisonniers qu'il avoit faits ; » vos étoffes » & vos meubles ne peuvent me ten- » ter ; mais mes prisonniers sont ac- » tuellement en votre pouvoir, vous » pouvez vous en saisir : si vous le » faites, je pars & vais en prendre un

» plus grand nombre, ou périr dans
» l'entreprise ; & si je suis trompé
» dans cette derniere espérance, je
» saurai mourir comme un homme;
» mais souvenez-vous que ma na-
» tion vous imputera ma mort, &
» vous en demandera raison » (a).
Cette façon de penser communique
à leurs actions une élévation & une
grandeur que donne rarement l'orgueil de la noblesse chez les nations
policées où elle est le plus respectée.

Les Américains sont fort occupés
de leur personne; ils employent un
temps considérable, & se donnent
des peines infinies à se parer à leur
maniere, à préparer, à rendre plus
durables les couleurs dont ils se pei-
gnent ; ils sont perpétuellement à les
réparer, afin de paroître avec avantage.

Leur aversion pour toute espece
d'occupation qui leur paroît vile,
les réduit à passer une grande partie

(a) Charlevoix.

de leur temps dans l'oisiveté ou le sommeil ; le même homme qui traverse cent lieues de neiges à la poursuite d'une bête sauvage, ou pour surprendre son ennemi, ne peut se soumettre au moindre travail habituel pour se procurer sa subsistance. « C'est une chose bien étrange », dit Tacite » qu'une même personne puisse » être tout-à-la-fois & aussi ennemie » du repos & aussi adonnée à la pa-» resse ».

Les jeux de hasard ne sont point une invention des siecles policés : c'est bien en vain que des curieux ont été fouiller les monumens d'une antiquité ténébreuse pour en découvrir l'origine ; il est vraisemblable qu'ils appartiennent à des temps trop reculés & trop barbares pour que même les conjectures des antiquaires puissent y atteindre. Le sauvage porte à une table de jeu ses fourrures, ses ustensiles, ses colliers : là il trouve le mouvement, les agitations, qu'un ennuyeux travail ne peut donner : tandis même que le coup est encore indécis, il s'arrache les cheveux, se frappe la poitrine avec une rage que le joueur le plus accompli fait quelquefois réprimer : souvent il quitte la partie nud & dépouillé de tout ce qu'il possédoit ; & dans les pays où la servitude est en usage, il met au jeu sa liberté, afin d'avoir une chance de plus pour regagner ce qu'il a perdu (*a*).

Avec toutes ces foiblesses, ces vices & ces qualités respectables qui appartiennent à la nature humaine dans son état le plus grossier, il paroît que l'amour de la société, l'amitié, l'affection publique, l'éloquence, la pénétration, le courage sont pareillement son apanage originel, & non des effets subséquens de l'invention & des découvertes. Si l'espece humaine est organisée de maniere à se perfectionner, c'est la nature qui lui a fourni l'instrument. L'effet de la

---

(*a*) Tacite, Lafitau, Charlevoix.

culture n'est pas de donner les sentimens de tendresse & de générosité, ni ce qui constitue principalement un caractere respectable, mais de remédier aux abus accidentels des passions, & d'empêcher qu'un coeur rempli des plus louables dispositions dans leur plus grande énergie, ne soit quelquefois aussi le jouet d'un instinct brutal, & d'une violence effrénée.

Si Licurgue avoit à travailler sur les matériaux que nous venons de décrire, il les trouveroit tout préparés par la nature même pour son usage, du moins dans la plupart des points les plus essentiels. Son égalité en fait de propriété étant déja établie, il n'auroit plus de factions à redouter du côté des intérêts opposés du pauvre & du riche; son sénat existe; son assemblée du peuple; sa discipline est adoptée en grande partie; & ses Ilotes sont suppléés par les fonctions annexées à l'autre sexe. Avec tous ces avantages, il lui resteroit à faire une chose bien importante pour la société civile : c'est d'apprendre à tous à obéir, & à un très-petit nombre à commander : il auroit les mêmes précautions à prendre contre l'introduction des arts mercenaires, contre l'admiration pour les choses de luxe & contre la passion de l'intérêt : il auroit à remplir une tâche plus difficile encore que tout cela, ce seroit d'accoutumer ses citoyens à supporter le travail, à réprimer leurs desirs, à être indifférens au plaisir, comme ils sont insensibles à la douleur ; à observer à la guerre une discipline uniforme ; & sur-tout à prendre autant de soins pour n'être pas eux-mêmes surpris par l'ennemi, qu'ils en prennent pour le surprendre.

C'est faute de ces soins & de cette discipline, que les nations grossieres en général, quoiqu'exercées à supporter les fatigues, la faim & la soif, quoique guerrieres par goût & par état & capables, par leur valeur & leurs ruses, de porter l'épouvante dans des armées plus regulieres, finissent cependant toujours, dans les guerres de long cours, par céder à la supériorité que les arts & la discipline donnent aux nations plus civilisées. C'est-là ce qui mit les Romains en état de conquérir les Gaules, la Germanie, la Grande Bretagne ; & c'est encore à cela que les Européens sont redevables de l'ascendant qu'ils ont sur les nations d'Afrique & d'Amérique.

Il y a des nations qui, sur la foi d'une supériorité actuelle, croyent avoir droit à une domination universelle ; César avoit probablement oublié ce que sont les passions, aussi-bien que les droits de l'humanité, lorsqu'il se plaignoit de ce que les habitans de la Grande Bretagne, après lui avoir fait demander la paix par des ambassadeurs, peut-être dans la vue de gagner du temps pour se précautionner contre son invasion, prétendoient encore défendre leur liberté, & s'opposer à son débarquement dans leur Isle (*a*).

Il n'y a peut-être pas dans toute la description de l'espece humaine une particularité plus remarquable que l'aversion & le mépris mutuels que les nations ont l'une pour l'autre, en conséquence des différens degrés auxquels elles ont porté leur industrie. Attachées aux objets qui les intéressent particuliérement, & considérant respectivement leur condition comme le dernier période de la félicité humaine, toutes prétendent à la prééminence, & leurs procédés prouvent assez la bonne foi de cette prétention. Le sauvage est encore moins porté que le citoyen à quitter le genre de vie auquel il est habitué : il chérit cette indépendance d'esprit qui ne peut s'assujettir à aucun travail, & qui ne reconnoît point

---

(*a*) *Cæsar questus, quod cùm ultrò in continentem legatis missis pacem à se petissent, bellum sine causâ intulissent.*

de supérieur : si quelquefois il est tenté de se mêler parmi les nations policées, & d'améliorer son sort, bientôt la liberté le rappelle à ses forêts ; il languit & séche d'ennui au milieu des villes peuplées ; il erre avec un air mécontent, au travers d'une plaine découverte & bien cultivée : il cherche la frontiere & les bois où, à l'aide d'une constitution qui le met en état de surmonter les fatigues & les inconvéniens de sa situation, il jouit d'une heureuse indépendance, exempte de tout soin, & d'une société délicieuse qui ne met point d'entraves à ses démarches, & lui permet de suivre, à son gré, les mouvemens de son cœur.

CHAPITRE

CHAPITRE III.

Des nations grossieres sous l'influence de la propriété & de l'intérêt.

C'Étoit une imprécation proverbiale fort usitée chez les peuples chasseurs des confins de la Sibérie, que leur ennemi fût réduit à mener la vie des Tartares, & fût possédé de la folie d'élever & faire paître du bétail (*a*). Leur idée étoit, selon toute apparence, que la nature, en fournissant de gibier les forêts & les déserts, avoit voulu épargner à l'homme les soins de l'état de pasteur, & ne lui laisser que la peine de choisir sa proie & de s'en saisir.

L'indolence de l'homme ou plutôt son aversion pour toute espece d'application à laquelle il n'est pas poussé ou par instinct, ou par quel-

―――――――――――

(*a*) Histoire généalogique des Tartares, par Abulgaze.

Tome I. M

que passion actuelle, doit retarder ses progrès par rapport aux notions de la propriété. On trouve cependant ces notions déja appliquées à différens objets, même chez des peuples où les moyens de subsistance sont en communauté, & où le fonds public est encore indivis. L'arc & la fourrure appartiennent à l'individu ; la cabane & son ameublement appartiennent à la famille.

Quand le père de famille commence à desirer pour ses enfans un meilleur approvisionnement que celui qu'ils reçoivent par une égale répartition entre plusieurs associés, & qu'il emploie à part son travail & son adresse, dès ce moment il tend à une possession exclusive, & il ambitionne la propriété du sol aussi-bien que la jouissance de ses productions.

Dès que l'individu n'apperçoit plus dans ses associés la même exactitude à rapporter tout en commun pour l'usage de tous, il est alarmé des soins que chacun prend pour soi-même ;

l'inquiétude de son propre sort s'empare de lui ; l'émulation & la jalousie l'aiguillonnent autant que le sentiment de la nécessité. Il laisse germer dans son cœur les considérations d'intérêt, & lorsque le besoin présent est satisfait, il s'occupe de l'avenir ; ou plutôt sa vanité se trouve intéressée à amasser ce qui est devenu un sujet de concurrence, & l'objet de l'estime générale. Animé par ce motif, lorsque les voies de la violence lui sont interdites, il se résout à employer ses mains aux arts lucratifs, à supporter l'ennui d'une tâche pénible, & à attendre patiemment les retours tardifs de son travail.

Ainsi l'industrie s'acquiert par des degrés lents & successifs. Les hommes apprennent à considérer leur intérêt ; ils apprennent à s'abstenir de profits illégitimes ; ils s'assurent la possession de ce qu'ils acquièrent par des moyens honnêtes ; & c'est suivant cette marche que se forment par gradation les habitudes du laboureur, de l'artisan & du commerçant. Un amas des simples productions de la nature, ou un troupeau de bétail, sont, chez toute nation grossiere, les premieres especes de richesse. La qualité du sol & la température du climat déterminent l'habitant à l'état d'agriculture ou à celui de pasteur; à se faire un établissement fixe, ou à changer sans cesse de demeure avec toutes ses possessions.

A l'occident de l'Europe, en Amérique, du sud au nord, presque sans exceptions; sous la zône torride, & dans toute l'étendue des climats chauds, les hommes ont eu de tout temps quelque sorte d'agriculture, & ont aimé à se fixer. A l'est & au nord de l'Asie, ils ont fait dépendre leur existence de leurs troupeaux, & ont sans cesse changé de place & cherché de nouveaux pâturages. Les arts qui appartiennent à un établissement fixe, ont été connus & cultivés plus ou moins par les habitans de l'Europe. Ceux qui sont compatibles avec des migrations continuelles, sont restés, depuis les premiers temps historiques, à-peu-près au même point chez les Scythes & les Tartares. Les tentes montées sur un chariot mobile, le cheval dressé aux usages du labourage & de la guerre, employé à donner du laitage & à servir de viande, voilà l'équipage & les richesses de ce peuple vagabond depuis la plus haute antiquité, jusqu'à nos jours.

Mais quelque soit la maniere dont subsistent les nations grossieres, il y a certains points qui leur deviennent assez généralement communs, dès qu'elles ont reçu les premieres impressions de la propriété. Homere vécut chez un peuple qui en étoit à ce degré de progrès, ou bien il se proposa d'en peindre les mœurs & le caractere. Tacite en a fait le sujet d'un traité particulier; & il faut avouer que, si l'espece humaine mérite d'être considérée dans ce période, nous avons les plus grands secours pour rassembler les particularités qui le caractérisent. Le tableau a été exécuté par les plus habiles mains ; on est frappé de la vérité des peintures que nous donnent de ces tems, ces écrivains célèbres, soit qu'on n'en connoisse que les traits épars, dans les relations historiques, soit qu'on ait été à portée d'en voir le modele dans les mœurs actuelles des hommes qui sont encore aujourd'hui à ce même degré de société.

Les hommes, en passant de la condition que nous venons de décrire à celle que nous nous proposons de traiter maintenant, conservent encore une grande partie de leur caractere antérieur ; ils ont la même aversion pour le travail, la même passion pour la guerre, la même admiration pour la valeur ; ils sont, pour parler le langage de Tacite, moins avares de leur sang, que de leur sueur (a). C'est le même goût de

(a) Pigrum quinimo & iners videtur, sudore acquirere quod possis sanguine parare.

parures bizarres dans leur ajustement; ils remplissent les vuides d'un genre de vie consacrée à la violence par des exercices périlleux & par les jeux de hasard. Toute occupation servile est abandonnée aux femmes ou à des esclaves. Mais on conçoit bien que, l'individu s'étant fait un intérêt séparé, le lien de société doit se relâcher, & les désordres domestiques devenir plus fréquens. Les communautés ayant admis des distinctions, en admettant l'inégalité dans la répartition de la propriété : voilà les fondemens jettés d'une subordination marquée & permanente.

Voici les particularités auxquelles doit, par conséquent, donner lieu ce passage de l'état sauvage à l'état que nous pouvons appeller barbare. Il s'élève entre les membres d'une même communauté, des querelles occasionnées par des concurrences, des rivalités, des vengeances. Ils s'unissent pour suivre des chefs distingués par leur fortune & par le lustre de leur naissance. Le desir du pillage se joint en eux à l'amour de la gloire; & partant de l'opinion que ce qui est acquis par la force, appartient à juste titre au vainqueur, ils deviennent chasseurs d'hommes, & l'épée est l'arbitre suprême de toute contestation.

Chaque nation est une bande de brigands qui pillent leurs voisins sans ménagemens & sans remords. On peut, dit Achilles, se saisir par-tout du bétail que l'on trouve dans les campagnes; & suivant cette jurisprudence, les côtes de la mer Egée sont dévastées par les héros d'Homere, sans autre raison, si ce n'est que ces héros aimoient à s'emparer de ce qu'ils trouvoient d'airain, de fer, de bestiaux, d'esclaves & de femmes chez les peuples d'alentour.

Un Tartare, monté sur son cheval, est un véritable animal de proie, qui ne s'informe que des lieux où il y a des bestiaux, & combien il y a de chemin à faire pour aller s'en saisir.

Un moine qui avoit encouru la difgrace de Mangu-Chan, fit fa paix en promettant que le pape & les princes chrétiens lui livreroient tous leurs troupeaux (*a*).

Le même efprit a regné chez toutes les nations barbares de l'Europe, de l'Afie & de l'Afrique. Les antiquités de la Grèce & de l'Italie, & les fables de tous les anciens poëtes, font pleines d'exemples de fon influence. Ce fut cet efprit qui, en premier lieu, pouffa nos ancêtres dans les provinces de l'empire Romain; & dans des temps poftérieurs, ce fut encore lui, plus peut-être que leur refpect pour la croix, qui les conduifit dans l'orient pour partager avec les Tartares les dépouilles de l'empire des Sarrafins.

D'après ce qu'on a vu dans le chapitre précédent, on eft porté à croire que les hommes, dans cet état de fimplicité, font à la veille de fe former en républiques. Leur amour de

___

(*a*) Rubruquis.

l'égalité, l'habitude des assemblées publiques pour les délibérations, leur zele pour la tribu à laquelle ils appartiennent, sont autant de dispositions qui les préparent à vivre sous cette sorte de gouvernement; & il semble qu'ils n'ont plus que quelques pas à faire pour y arriver. Il s'agit seulement de déterminer le nombre des personnes dont le conseil sera composé, & d'arrêter les formes à observer dans ses assemblées : il s'agit seulement de constituer une autorité permanente pour réprimer les désordres, & de faire quelques réglemens, en faveur de cette justice qu'ils reconnoissent déja, & qu'ils observent si strictement par inclination.

Mais ces pas ne sont point à beaucoup près aussi aisés à faire qu'ils le paroissent au premier coup d'œil. Rien n'est plus éloigné de la pensée des hommes simples, que la résolution de choisir parmi leurs égaux un magistrat, à qui ils consentent de conférer le droit de censurer leurs actions;

& peut-être n'y a-t-il pas d'éloquence capable de les déterminer, à une pareille démarche, ou de leur donner la moindre idée de son utilité.

Les nations, même après avoir choisi un chef militaire, se gardent bien de lui confier aucune autorité civile. Le capitaine, chez les Caraïbes, ne s'ingéra jamais à décider dans les disputes domestiques ; les termes de *jurisdiction* & de *gouvernement* n'existoient point dans leur langue (*a*).

Avant que les hommes puissent admettre cet important changement, il faut qu'ils soient déjà familiarisés avec la distinction des rangs ; &, pour qu'ils puissent sentir que la subordination est une chose avantageuse, il faut que le hasard ait préalablement amené l'inégalité des conditions. En desirant la propriété, ils ne pensent qu'à assurer leur subsistance

---

(*a*) Hist. des Caraïbes.

mais le brave qui les mene à la guerre, a aussi la plus grande part dans le butin. L'homme constitué en dignité est jaloux de rendre héréditaires les honneurs dont il jouit; & la multitude, par l'admiration qu'elle a pour le pere, est disposée à étendre son estime à ses descendans.

Les possessions se transmettent, & le lustre de la famille croît d'âge en âge. Hercules, qui fut probablement un guerrier fameux, fut un dieu aux yeux de la postérité; & sa race fut réservée pour occuper les trônes, & jouir du pouvoir souverain. Lorsque le capitaine réunit la double distinction de la fortune & de la naissance, il a, dans les fêtes publiques, la même prééminence qu'à la tête de l'armée. Ses adhérans se rangent autour de lui, suivant leurs grades; au lieu de se regarder toujours comme membres de la communauté, c'est en leur qualité de gens voués à un chef, qu'ils prennent leurs places; ils tirent leur dénomination du nom de celui qui les commande. Ils trouvent un nouvel objet d'affection publique à défendre sa personne, à soutenir son rang; ils prennent sur leur propre subsistance pour lui former un état; ses regards deviennent leur régle, & ils recherchent, comme la plus haute distinction, l'honneur d'être admis au festin qui se donne à leurs dépens.

Si l'état précédent de l'humanité paroît approcher de la démocratie, celui-ci nous présente l'ébauche du gouvernement monarchique. Mais il est loin encore de cette espece d'établissement qui fut connu dans les siecles postérieurs sous le nom de monarchie. La distinction entre le chef & son adhérant, entre le prince & le sujet, n'est encore marquée qu'imparfaitement. Ils ont les mêmes occupations, les mêmes objets de desirs; il n'y a aucune différence entr'eux, du côté de l'éducation & de la culture de l'esprit; ils mangent au même plat, & couchent pêle-mêle sur la dure ; les enfans du roi, comme ceux du sujet, gardent le troupeau ; un des premiers conseillers d'état d'Ulysses, étoit le gardeur de cochons.

Le capitaine étant distingué de sa tribu, autant qu'il le faut pour attirer l'admiration & flatter la vanité de ses concitoyens par l'affinité par laquelle ils croyent tenir à sa noble race, il est l'objet de leur vénération & non de leur envie ; il est regardé non comme le maître de la société, mais comme le nœud du lien social ; c'est lui que les dangers communs menacent de plus près ; c'est lui qui supporte la plus grande part des charges & des calamités publiques ; sa gloire consiste dans la supériorité de son courage & de sa magnanimité, comme dans le nombre des hommes qui sont sous lui ; & ceux-ci font consister la leur à être prêts à verser leur sang à son service (a).

――――――――――――――
(a) Tacite, des Mœurs des Germains.

Les guerres fréquentes resserrent les liens de la société ; le brigandage lui-même unit plus étroitement les particuliers, en donnant lieu à des épreuves mutuelles d'attachement & de courage. Ce qui menaçoit d'anéantir tout ce qu'il y a de bon dans le coeur humain, ce qui sembloit devoir bannir la justice des sociétés, sert à réunir l'espece par familles, par tribus, par associations ; toutes à la vérité ennemies, toutes formidables les unes pour les autres, mais dont chacune, dans son intérieur, fait regner la bonne foi, le désintéressement & la générosité. Les dangers fréquens, & les traits de valeur & de fidélité que ces dangers occasionnent, réveillent l'amour de ces vertus, les rendent l'objet de l'admiration, & font chérir ceux qui les possédent.

Animé par de grandes passions, par l'amour de la gloire & le desir de la victoire ; irrité par les bravades d'un ennemi, ou tourmenté par l'aiguillon de la vengeance ; toujours placé entre sa ruine & la conquête, l'homme barbare donne au repos tous les momens de relâche. Il ne peut s'abaisser aux objets de l'industrie ni à un travail méchanique : cet animal de proie est un dormeur ; le guerrier & le chasseur se livrent au sommeil, tandis que les femmes ou des esclaves lui préparent son repas. Mais qu'on lui montre une piéce de gibier dans le lointain, il est prompt, impétueux ; son adresse égale sa rapacité : il n'est point de barriere capable d'arrêter sa violence, point de fatigue qui puisse ralentir son activité.

Dans cette situation même l'homme est encore généreux & hospitalier envers les étrangers : il est bon, doux & affectueux dans la société domestique (a). L'amitié & l'inimitié sont pour lui des termes de la plus grande importance : il n'en confond

---

(a) Jean Duplan, Carpen, Rubruquis, César, Tacite.

point les procédés ; son parti est pris irrévocablement à l'égard de son ennemi, & le choix de son ami est également irrévocable. Au milieu du pillage même, la gloire est son principal objet ; les dépouilles des vaincus n'offrent à ses yeux que le gage de la victoire. Les nations, les tribus sont sa proie : mais le voyageur solitaire, avec qui il n'y a rien à gagner, si ce n'est la réputation de générosité, il le laisse passer sans insulte, ou le traite avec somptuosité.

Ces cantons dans lesquels l'espece est partagée sous des capitaines respectifs, malgré la jalousie & l'animosité qui les divisent le plus souvent, se réunissent quelquefois en grands corps, à l'approche d'un ennemi formidable, lorsqu'ils se voyent menacés d'une guerre funeste. Semblables aux Grecs dans l'expédition de Troye, ils se rangent sous un chef distingué, & forment un royaume de plusieurs tribus séparées ; mais ces sortes de réunions ne sont qu'accidentelles &

passageres; & même pendant leur durée, elles ressemblent moins à une monarchie qu'à un état républicain. Les capitaines inférieurs se réservent toute leur importance : ils entrent au conseil du chef avec le même air d'égalité que conservent avec eux les citoyens de leurs différens districts (*a*). Par quelle raison en effet, seroit-il à supposer que des hommes qui vivent ensemble dans la plus grande familiarité, & entre lesquels les distinctions de rangs sont à peine marquées, fissent le sacrifice de leurs inclinations, de leurs sentimens particuliers, & fussent soumis implicitement à un chef, qui n'a ni le pouvoir de corrompre, ni celui d'intimider ?

Il faut avoir en mains, ou la force militaire pour arracher, ou de quoi séduire les âmes vénales pour acheter l'engagement que le Tartare

_____

(*a*) Kolbe, description du Cap de Bonne-Espérance.

fait avec son prince, lorsqu'il lui promet « qu'il ira par-tout où il sera
» commandé; qu'il rejoindra aussi-
» tôt qu'il en sera requis ; qu'il tuera
» tout ce qu'il lui sera ordonné de
» tuer ; & que désormais il regar-
» dera la voix du roi, comme une
» épée (a) ».

Ce sont là les termes auxquels a été amené le cœur du barbare, malgré sa roideur & sa férocité, par les conséquences d'un despotisme qu'il a lui-même établi ; & l'Europe, sous la funeste influence de ces arts si vantés, connut de même que l'Asie, l'esclavage politique. Dès qu'une fois tous les cœurs se laissent dominer par l'intérêt, le prince & ses partisans sont les premiers atteints de la contagion. Il emploie la force qu'il a en mains pour faire de son peuple sa propriété & disposer de ses possessions à son profit ou à son gré. Lorsqu'un peuple en est venu au point

───────────────

(a) Simon de Saint-Quintin.

que c'est la richesse qui constitue chez lui la différence du bien & du mal, qu'il prenne bien garde au pouvoir qu'il donne à son prince. « Chez les Suions, (a) dit Tacite, » les richesses » sont dans la plus haute estime ; » aussi ce peuple est-il désarmé & » réduit à l'esclavage (b). »

C'est dans cette malheureuse situation que l'espece humaine devenue esclave, intéressée, perfide, artificieuse & sanguinaire, présente le spectacle de la corruption, sinon la plus incurable, certainement la plus lamentable (c). La guerre n'est plus alors qu'une profession de brigandage pour enrichir l'individu ; le commerce dégénere en un système de pièges & de supercheries ; & le gouvernement est tour à tour foible & tyrannique.

Lorsque les hommes furent deve-

___

(a) Peuple de la Suede propre.
(b) De moribus Germanorum.
(c) Voyages de Chardin.

nus sensibles à l'aiguillon de l'intérêt, avant que d'avoir la sauve-garde des loix, qu'il eût été à desirer pour eux, que, partagés en nations d'une modique étendue, ils eussent rencontré par-tout quelque barriere naturelle qui s'opposât à leur agrandissement; ou qu'ils eussent eu assez à faire de maintenir leur indépendance, pour n'être pas en état d'entreprendre des conquêtes !

Dans les siecles grossiers, il n'y a pas une disparité de rangs assez marquée, parmi les hommes pour donner à leurs communautés la forme de monarchies légales; & quand, sur un territoire considérable, ils se trouvent réunis en grand nombre sous un seul chef, leur esprit turbulent & guerrier semble exiger le frein du despotisme & de la force militaire. Partout où il reste quelque portion de liberté, la puissance du prince est extrêmement précaire, comme on peut le remarquer dans toutes les anciennes monarchies de l'Europe grossiere ; sa puissance dépend principalement de son caractère personnel : au lieu que, par-tout où son pouvoir est au-dessus de toute contradiction de la part du peuple, il est également au-dessus des loix. La rapacité & la terreur deviennent les grands mobiles, & forment le caractère des deux seules classes entre lesquelles l'humanité se partage, la classe des oppresseurs & celle des opprimés.

L'Europe fut menacée de ce fléau, pendant plusieurs siècles, durant la conquête & l'établissement de ses nouveaux habitans (a). Il s'établit effectivement dans l'Asie, qui fut le théâtre de pareilles conquêtes ; & même sans l'assistance de cette mollesse & de cet esprit servile qui sont les effets du luxe, il a surpris le Tartare sur son charriot, à la tête de ses troupeaux.

―――――――――――――

(a) Voyez l'histoire de la maison de Tudor par M. Hume. Il sembloit qu'il ne manquoit pour établir un despotisme parfait dans cette maison, que quelques régimens aux ordres de la Couronne.

Au milieu de ce peuple, au cœur d'un immense continent, il s'éleva des guerriers hardis, entreprenans; ils subjuguerent, ou par surprise, ou par des talens supérieurs, les hordes voisines; semblables à un torrent qui grossit à mesure qu'il poursuit son cours, leur nombre & leurs forces s'accrurent dans leur marche; & il n'y eut plus de barriere assez forte pour arrêter leurs progrès. Durant plusieurs siecles consécutifs, la tribu conquérante fournit au prince ses gardes, qui furent les instrumens de l'oppression, tant qu'ils furent admis à avoir leur part dans le butin. C'est de cette maniere que le despotisme & la corruption pénétrerent dans des régions si renommées pour la farouche liberté de la nature : une puissance qui fut l'effroi de tout peuple amolli, est aujourd'hui désarmée, & la pépiniere des nations elle-même est devenue un désert (a).

―――――――――――――――

(a) Voyez l'Histoire des Huns.

Les nations grossieres qui échappent à cette calamité, ont besoin, pour maintenir la paix dans leur intérieur, d'être exercées par des guerres étrangeres; lorsque tout est calme au-dehors, leur désoeuvrement les livre à des querelles de famille; & l'on porte dans les dissentions intestines, la même chaleur & le même courage que l'on emploie dans la guerre, pour la défense de la patrie.

« Chez les Gaulois, dit César, » tout est divisé, non-seulement dans » chaque nation, dans chaque district, dans chaque village, mais » presque dans chaque maison, cha- » que individu a besoin de se faire » une protection (a) ». Dans cet état de subdivisions, c'est la force qui décide non-seulement les querelles de tribu à tribu, de famille à famille, mais même tous les différends, toutes les contestations de particulier à

_____

(a) De bello Gallico. Lib. 6.

particulier

à particulier. C'est en vain que le souverain s'efforce de faire admettre sa jurisdiction, & de faire respecter les décisions de la loi, si la superstition ne vient à son secours. Chez un peuple accoutumé à tenir tout de la violence, qui dédaigne la fortune elle-même, si elle n'est accompagnée de la réputation de courage, on ne connoît d'arbitre que l'épée. Scipion offrit de s'interposer pour accommoder un différend entre deux Espagnols dans une dispute de succession : « Nous avons déja refusé la média- » tion de nos parens, répondirent- » ils, nous ne soumettons pas nos » démêlés aux jugemens des hom- » més; & même, parmi les dieux » c'est à Mars seul que nous en appel- » lons (a).

C'est un point bien avéré que chez les nations d'Europe, cette horrible jurisprudence a regné, revêtue de

_____

(a) Tite-Live.

formalités inconnues dans les autres parties du monde. Le juge civil & criminel la plupart du temps, n'avoit autre chose à faire que de déterminer la lice, & laisser les parties décider leur procès par le combat : le vainqueur étoit censé avoir la décision du ciel en sa faveur : si quelquefois on dérogeoit à cette étrange forme de procédure, c'étoit pour lui en substituer d'autres, encore plus bizarres, telles que les appels au sort, par où l'on croyoit de même que se manifestoit le jugement des dieux.

Le combat étoit si fort du goût de ces farouches Européens qu'ils le pratiquoient par maniere d'exercice & de divertissement. Au défaut de querelles réelles, ils se faisoient des défis pour essayer leur adresse : & souvent ces essais coûtoient la vie à l'un des champions. Lorsque Scipion célébra les funérailles de son pere & de son oncle, les Espagnols s'avancerent, deux à deux, pour se battre, & augmenter la solemnité par le spectacle de leurs duels (a).

Dans cette féroce anarchie, où les effets de la vraie religion eussent été si désirables & si salutaires, souvent la superstition dispute l'ascendant à l'admiration de la valeur : un ordre d'hommes, à la faveur de la crédulité des peuples en leur pouvoir surnaturel, se fraie un chemin à la domination : tels furent les Druides chez les anciens Gaulois & Bretons (b), & les prétendus devins du Cap de Bonne-Espérance. Leur baguette magique devient la rivale de l'épée elle-même ; ils établissent dans quelques endroits la première ébauche du gouvernement civil, comme firent les Druides ; ou comme les prétendus descendans du soleil chez les Natchez & le Lama chez les Tartares, ils pré-

_____

(a) Tite-Live, liv. 3.
(b) César.

parent, dans d'autres endroits, les voies au despotisme & à l'esclavage absolu.

Nous avons toujours peine à concevoir comment l'espece humaine peut subsister sous l'empire de mœurs & de coutumes absolument différentes des nôtres; & nous sommes portés à exagérer le malheur des temps de barbarie, en nous figurant combien nous souffririons nous-mêmes dans une situation pour laquelle nous sommes si peu faits. Mais chaque âge a ses consolations ainsi que ses peines (a). La violence elle-même a ses intermittences; dans les intervalles de paix, le commerce des hom-

---

(a) Priscus, pendant son ambassade auprès d'Attila, fut abordé en langue grecque par un homme vêtu à la maniere des Scythes. Il témoigna sa surprise & voulut savoir qu'est-ce qui pouvoit retenir cet homme dans un séjour si sauvage. Il apprit que ce Grec, avoit été fait prisonnier de guerre; qu'après avoir été quelque temps esclave, il avoit obtenu sa liberté en rémes entr'eux est amical, même dans l'état le plus grossier; ils sont affectueux les uns envers les autres, & leur société a sa portion de félicité (a).

___

compense de quelque action remarquable. « Je
» suis ici plus heureux, ajouta-t-il, que je ne
» le fus jamais sous la domination romaine. Ceux
» qui vivent parmi les Scythes, s'ils peuvent sou-
» tenir les fatigues de la guerre, n'ont rien
» autre chose qui les moleste; ils jouissent sans
» trouble & sans crainte de ce qu'ils ont: au
» lieu que vous êtes continuellement ou la proie
» des ennemis du dehors, ou les victimes d'un
» mauvais gouvernement; on vous empêche de
» porter des armes pour votre défense person-
» nelle, & la nonchalance ou la mauvaise con-
» duite de ceux qui sont chargés de vous pro-
» téger, vous livrent à tous les outrages; les
» maux de la paix sont chez vous pires que
» ceux de la guerre: le puissant & le riche
» sont sûrs de l'impunité, & le pauvre ne trou-
» ve ni pitié ni clémence; quoique vos institu-
» tions soient l'ouvrage de la sagesse, leurs ef-
» fets sont pernicieux & cruels entre les mains
» des hommes corrompus qui en ont l'adminis-
» tration ». *Excerpta de Legationibus.*

(a) Histoire des sauvages d'Arabie, par d'Arvieux.

L'individu jouit de la plus grande sécurité, & par rapport à sa personne & rapport à ses propriétés; parce que s'il a un ennemi, il a aussi un ami; & si l'un cherche à le molester, l'autre est prompt à le défendre. De plus, l'enthousiasme de la valeur qui va quelquefois jusqu'à diviniser la violence, inspire aussi certains principes d'honneur & de générosité qui tendent à prévenir les injustices.

Les hommes supportent les défauts de leur police, comme ils supportent les inconvéniens de leur position physique & les désagrémens de leur maniere de vivre. Les alarmes & les fatigues de la guerre, sont une dissipation nécessaire à ceux qui y sont accoutumés, & qui ont leurs passions montées au-dessus du ton d'une vie uniforme & des situations ordinaires. Les vieillards de la cour d'Attila fondoient en larmes au récit de faits héroïques qu'ils ne se sentoient plus capables d'exécuter eux-mêmes (a). Chez les nations Celtiques, quand l'âge avoit mis un guerrier hors d'état de soutenir les travaux militaires, c'étoit l'usage d'implorer la main de ses amis, pour terminer par une mort volontaire les langueurs d'une vie inutile.

Ubi transcendit florentes viribus annos,
Impatiens ævi spernit novisse senectam.
   Silius Ital. Lib. 1, 225.

Avec toute cette férocité de caractere, les nations grossieres d'Occident furent subjuguées par la police & la discipline des Romains. Le point d'honneur que les barbares d'Europe s'étoient fait entre particuliers, leur donnoit encore un désavantage singulier dans leurs guerres nationales, en ne leur permettant pas de surprendre leur ennemi, ni de faire usage de la ruse; & quoiqu'ils

_____

(a) Ibidem.

fussent hardis & intrépides séparément, rassemblés en grand corps, ils étoient comme tous les peuples grossiers, enclins à la superstition, & sujets aux terreurs paniques.

A la veille d'une bataille, le sentiment de leur force & de leur courage personnels, leur inspiroit la plus grande ardeur & la plus grande confiance ; de même qu'ils se laissoient aveugler par l'yvresse des succès, ils se laissoient abattre par les revers : considérant d'ailleurs tous les événemens comme des decrets du ciel, jamais ils n'eurent recours aux ressources de la prudence, qui leur eût appris à faire un dernier effort, ou pour réparer leurs pertes, ou pour profiter de leurs avantages.

Toujours dominés & conduits par leurs passions & leurs affections, ils étoient généreux & constans dans leurs attachemens ; implacables & cruels dans leurs inimitiés : adonnés à la débauche & à l'usage immodéré des liqueurs fortes, ils traitoient des affaires d'état dans la chaleur de l'yvresse; & dans ces momens critiques, ils concertoient le plan d'une entreprise militaire, ou terminoient leurs dissentions domestiques avec le poignard ou l'épée.

Dans leurs guerres ils préféroient la mort à la captivité. Plus d'une fois les armées victorieuses des Romains, en entrant dans une ville prise d'assaut, ou dans des retranchemens forcés, trouverent la mere égorgeant ses enfans, dans la vue de les dérober aux mains de l'ennemi; & le pere, armé du poignard teint du sang de sa famille, prêt à le plonger dans son propre sein (a).

Dans toutes ces particularités, on apperçoit cette vigueur d'ame, qui rend le désordre même respectable, & qui met les hommes en

―――――――――――

(a) Tite-Live, Dion, Cassius.

état de fonder sur une base solide leur liberté domestique, lorsque leur situation est favorable; & de maintenir leur indépendance & leur liberté nationales contre les ennemis du dehors.

Fin de la seconde Partie.

ESSAI
SUR
L'HISTOIRE
DE LA
SOCIÉTÉ CIVILE.

TROISIEME PARTIE.
De l'Histoire de la Police & des Arts.

CHAPITRE PREMIER.
De l'influence du climat & de la situation.

Quoique les remarques que nous avons faites jusqu'ici sur la condition & les mœurs des nations, soient prises en grande partie de ce qui s'est passé dans les climats tempérés, elles peuvent néanmoins s'appliquer jusqu'à un certain point, à l'état de grossiéreté du genre humain, dans toutes les parties de la terre : mais si nous continuons à suivre l'histoire de notre espece dans ses progrès ultérieurs, bientôt la sphere de nos observations se trouvera circonscrite dans des bornes plus étroites. Il semble que le génie des arts & de la sagesse politique ait affectionné d'une maniere plus particuliere certaines contrées, & qu'il ait eu une prédilection marquée pour certaines races d'hommes.

L'homme, en sa qualité d'animal, est propre à subsister en tout climat. Il regne avec les lions & les tigres sous les chaleurs brûlantes de l'Equateur ; il s'associe à l'ours & à la renne au-delà du cercle polaire. Sa disposition flexible le rend susceptible des habitudes de toute espece de condition, & son aptitude pour les arts le met en état de suppléer aux in-

de la Société Civile. 301

convéniens de chacune. Il paroît cependant que les climats intermédiaires sont plus analogues à sa nature; de quelque maniere que l'on explique le fait, il est constant que c'est sous la Zône tempérée que cet animal a toujours atteint le plus haut degré de perfection dont son espece soit capable. Les arts qu'il a inventés à plusieurs reprises sur ce théâtre, l'étendue de sa raison, la fécondité de son imagination, la force de son génie pour les lettres, le commerce, la police & la guerre prouvent assez, ou un avantage considérable du côté de la situation, ou une supériorité naturelle dans les esprits.

Il est vrai que les races d'hommes les plus distinguées ont eu leur période de grossiéreté, avant que d'arriver à leur civilisation; on les a vues même quelquefois retomber dans la barbarie: & la possession actuelle des arts, des sciences & de la police ne doit point décider de leur génie.

Il y a un degré de capacité, une

vigueur, une sensibilité d'ame qui peuvent appartenir au sauvage, comme au citoyen, à l'esclave aussi-bien qu'au maître; les mêmes facultés de l'esprit peuvent être modifiées diversement par les divers usages auxquels on les applique. Ce qui rend un Grec moderne méchant, bas & rusé, c'est peut-être la même chaleur de tempérament qui rendit son ancêtre ardent, ingénieux, intrépide dans les camps ou dans les conseils de sa nation. Un Italien moderne se distingue par sa sensibilité, sa vivacité, son adresse : c'est le caractere d'un ancien Romain employé à des bagatelles ; aujourd'hui, pour obtenir de frivoles applaudissemens, il porte sur la scène des amusemens cette ardeur & ces passions fortes dont Gracchus étoit animé dans le forum, & qui le rendoient maître des esprits dans les assemblées d'un peuple plus grave.

Les arts de commerce & de lucre ont été, dans quelques climats, le principal objet des hommes, & ont survécu à tous les désastres ; dans d'autres, ils ont été constamment négligés, quelle que fût la fortune publique ; au lieu que dans les climats tempérés d'Europe & d'Asie, ils ont eu leurs siecles d'admiration & leurs siecles de mépris.

La même chaleur d'ame, le même principe d'activité qui, dans un état de société, fait mépriser les arts, les fait cultiver avec le plus grand succès dans un autre. Tandis que les hommes sont pleins de leurs passions, qu'ils sont remués, échauffés par les affaires & les dangers publics ; tandis que le son de la trompette retentit à leurs oreilles, & les appelle à la défense de la patrie, que leur sang bouillonne dans leurs veines, ce seroit une indifférence criminelle, une lâcheté de donner de pareils momens à l'étude du bien-être, & à des recherches qui n'ont pour objet que l'aisance & la commodité.

Les fréquentes révolutions, les revers de fortune qu'ont éprouvés des nations sur la même terre où les arts avoient été florissans, furent vraisemblablement les effets d'un génie souple, agissant, inventif, qui leur avoit fait pousser jusqu'à l'excès tous les objets publics. Ces nations éleverent au plus haut degré l'édifice du despotisme dans les mêmes lieux où l'on avoit su le mieux affermir les fondemens de la liberté. Elles avoient elles-mêmes allumé les feux qui les consumerent ; & peut-être n'étoient-elles propres qu'à montrer tour à tour le plus haut point de grandeur, & le dernier degré d'avilissement, dont le cœur humain soit capable.

Le genre humain a parcouru deux fois, dans l'espace des temps historiques, l'intervalle qui sépare la rudesse du plus haut degré de raffinement. Dans chaque âge, soit que sa disposition momentanée l'emporte à édifier ou à détruire, il a laissé des traces de son génie ardent & actif. Rome est enterrée sous la poussiere par des barbares qui renverserent &

foulerent sous leurs pieds les monumens du luxe, & ensevelirent les arts qu'ils méprisoient sous les ruines de leurs productions ; & c'est la postérité de ces mêmes peuples qui est destinée à ressusciter ces arts, & à en faire l'objet de son admiration. Aujourd'hui le Sauvage Arabe promene ses tentes au milieu de villes jadis superbes ; & les vastes déserts qui bordent la Syrie & la Palestine, sont peut-être redevenus une pépiniere de nations naissantes. Peut-être un capitaine de tribu Arabe, semblable au fondateur de Rome, a déja semé les germes qui produiront un jour une orgueilleuse forêt ; peut-être a-t-il jetté les fondemens d'un édifice qui ne parviendra à sa hauteur que dans un période très-éloigné.

Une grande partie de l'Afrique est toujours restée inconnue ; le silence de la renommée touchant ses révolutions, au défaut d'autres preuves, atteste suffisamment la foiblesse de ses habitans. La Zône torride, dans toute son étendue autour du globe, quoique connue des géographes, a fourni peu de matériaux à l'histoire; & quoique, dans plusieurs parties, les arts de besoin y ayent été portés à un assez haut point, jamais cependant elle n'a mûri un grand plan de sagesse politique ; jamais elle n'a produit les qualités qui tiennent à la liberté, ni même celles qui sont nécessaires pour la conduite des affaires civiles.

A la vérité, de tout le nouveau monde, c'est sous la zône torride que l'on a trouvé les arts de commerce & de manufacture le plus avancés : c'est dans l'Inde & dans les régions de cet hémisphére battues par les rayons perpendiculaires du soleil, que les arts d'industrie & le commerce sont de la plus grande antiquité, & qu'ils ont reçu le moins d'altération par les atteintes du temps & par les révolutions politiques.

Il semble que le degré de soleil qui mûrit la pomme de pin & le tamarin, tempere par sa douce influence jusqu'aux rigueurs du gouvernement despotique : & tel est l'effet de cette disposition pacifique & modérée des naturels de l'Orient, que chez eux, ni les conquêtes, ni les irruptions des barbares, n'ont point abouti comme chez les farouches naturels d'Europe, à une destruction totale des productions de l'amour de l'aisance & du plaisir.

Les Indiens passent, sans grande résistance, d'un maître à un autre ; & la révolution est à peine effectuée, qu'ils reprennent leur industrie, & se tranquillisent dans la jouissance de la vie, & dans l'espérance des plaisirs physiques : les guerres de conquête n'y sont pas d'assez longue durée pour aigrir les parties belligérantes, & désoler les pays qui en sont l'objet. Le conquérant barbare respecte lui-même les établissemens de commerce qui n'ont point provoqué en particulier son ressentiment ; maître de villes opulentes, il se contente de camper dans leur voisinage, & laisse à son héritier la liberté d'entrer par degrés en possession des plaisirs, des magnificences & des vices que lui offrent ses conquêtes : ses successeurs qui jouissent plus que lui de ces délices, sont aussi plus attentifs à entretenir la source qui les produit ; ils épargnent l'habitant & l'habitation, comme ils ménagent le troupeau & l'étable dont ils sont devenus propriétaires.

Les dernieres descriptions de l'Inde ne sont qu'une répétition des anciennes, & l'état présent de la Chine tient à une antiquité qui n'a pas de parallele dans l'histoire de l'humanité. Le sceptre a passé d'une famille dans une autre, sans que l'état soit affecté par ces révolutions. L'Africain & le Samoïede ne sont pas plus constans dans leur ignorance & leur barbarie, que ne le sont le Chinois & l'Indien (si l'on en croit leur propre histoire) dans la pratique des métiers & dans l'observation d'une certaine police, dont le but est uniquement de régler leur trafic, & de les protéger dans l'exercice des professions serviles ou lucratives.

Si, de cette exposition générale de la marche de l'espece humaine, nous passons à la description détaillée de l'animal lui-même, en le suivant dans les différens climats qu'il a habités, & dans les diversités de tempérament, de complexion & de caractere qui en proviennent, nous trouverons en lui une variété de génie qui correspond aux diversités de sa maniere d'être, & au résultat de son histoire.

L'homme, dans la perfection de ses facultés naturelles, est doué d'une sensibilité fine & délicate; il a de l'étendue & de la variété dans l'imagination & la réflexion; il est attentif, pénétrant, subtil dans tout ce qui a rapport à ses semblables; ardent & ferme dans ses projets; porté à aimer & à haïr; jaloux de son indépendance & de son honneur, au point de leur sacrifier tout intérêt, celui de la vie même; dans toutes ses différentes modifications, s'il perd de sa force, il conserve toujours sa sensibilité naturelle; & son commerce est bienfaisant ou pernicieux, selon les impulsions que son ame a reçues.

Mais sous les extrêmes du chaud & du froid, son activité paroît ralentie; son amitié & son inimitié tirent moins à conséquence. Sous l'un, il est lourd & stupide, modéré dans ses desirs, pacifique & régulier dans sa maniere de vivre; sous l'autre, il est violent dans ses passions, foible de jugement, & adonné par tempérament au plaisir animal; sous l'un & sous l'autre, il a l'ame mercenaire, il fait les plus importantes concessions pour des colifichets; sous l'un & sous l'autre, son esprit est préparé à la servitude: sous l'un, il est subjugué par la crainte de l'avenir; sous l'autre, il n'est pas même remué par le sentiment du présent.

de la Société Civile. 311

Les Européens qui veulent faire des conquêtes au sud & au nord de leurs plus beaux climats, trouvent peu de résistance : ils peuvent s'étendre à leur gré, & ne sont bornés que par l'océan ou par la satiété de conquérir. La Russie a réuni successivement à ses possessions de vastes provinces, sans presque avoir à essuyer ou à faire ces efforts qui précedent la réduction des nations; ses souverains qui comptent au nombre de leurs domaines des tribus entieres auxquelles peut-être jamais aucun de leurs émissaires n'a parlé, envoyoient quelques géometres reculer les frontieres de leur empire, & effectuer, sans autres frais, des expéditions auxquelles les Romains furent obligés d'employer leurs consuls & leurs légions (*a*). Lorsque ces conquérans modernes trouvent de la répugnance, ils la qualifient de rébellion, & s'étonnent d'être traités

_____

(*a*) Voyez l'Atlas Russe.

comme ennemis dans des lieux où ils viennent imposer des tributs.

Il paroît cependant que, sur les côtes de la mer orientale, ils ont rencontré des nations qui ont contesté leurs titres de souveraineté, & traité de chimere leur prétention à lever des taxes (a), C'est-là peut-être qu'on trouveroit le génie de l'ancienne Europe, & sous le nom de férocité le même esprit d'indépendance nationale (b); cet esprit qui, dans l'occident, disputa le terrein aux armées victorieuses de Rome, & déconcerta les efforts que firent les monarques Persans, pour renfermer les bourgades de la Gréce dans l'étendue de leur vaste domination.

Les différences marquées qui existent entre les habitans de climats très-éloignés les uns des autres, comme celles qui se remarquent entre

---

(a) Les Tchutzi.
(b) Notes sur l'Histoire généalogique des Tartares.

les

les animaux de régions différentes, sont faciles à appercevoir. Le cheval & la renne sont de justes emblêmes de l'Arabe & du Lapon : le naturel d'Arabie est vif, actif, ardent dans tout ce qu'il entreprend, comme le cheval dont la race fait la renommée de son pays, soit qu'il soit sauvage dans les forêts, ou qu'il soit assujetti & dressé par l'art. Cette race d'hommes, dans l'état de rudesse, va chercher la liberté dans les déserts; partagée en bandes vagabondes, elle alarme les frontieres de l'empire, & répand la terreur dans la province vers lesquelles elle dirige ses mobiles campemens (*a*). Est-elle animée par des projets de conquête, ou disposée à agir d'après un plan, une partie de la terre est forcée de recevoir son joug & ses opinions: quand elle adopte le système de la propriété, & qu'elle forme des établissemens permanens, elle porte dans

_____

(*a*) D'Arvieux.

les arts & les sciences une invention prompte & facile, & une capacité supérieure. Le Lapon, au contraire, semblable à l'animal qui vit sous le même climat, est vigoureux, infatigable, patient à supporter la faim, paresseux plutôt que lâche, propre à peu de choses & incapable de changer. Des nations entieres persistent de tous les temps dans la même maniere de vivre, avec un phlegme inaltérable; elles se laissent donner les noms de Danois, de Suédois, de Moscovites, suivant le canton qu'elles habitent, & souffrent que leur pays soit partagé, comme un bien communal, par les lignes de démarquation qu'il a plu à ces puissances de tracer à leur empire.

Non-seulement ces variétés de génie ont lieu sous les extrêmes; elles changent encore sans cesse, & suivent les variations du climat auquel nous les supposons liées: quoiqu'on ne puisse pas dire que tel ou tel degré de capacité, de pénétration, de vigueur soit le partage de nations entieres, ni que ces qualités soient des dons vulgaires chez aucun peuple; il est vrai cependant que l'on peut voir à quel point elles existent, & combien elles sont plus ou moins communes dans chaque pays par les manieres, le ton de conversation, les talens pour les affaires ou pour les choses d'agrément, & par les productions littéraires qui y sont le plus en vogue.

C'est aux nations méridionales de l'Europe soit anciennes, soit modernes, que nous sommes redevables de l'invention & de l'embellissement de cette mythologie & de ces anciennes traditions, qui sont encore aujourd'hui le champ le plus fertile pour l'imagination, & une source intarissable d'allusions poëtiques. Nous leur devons les romans de chevalerie, & les modeles d'un style plus raisonnable qui leur ont succédé, où l'imagination trouve à s'enflammer, l'ame à s'exalter, & l'esprit à s'éclairer.

Le Nord a été plus fécond dans les productions d'industrie, & c'est là que les sciences ont reçu leurs plus solides accroissemens : les efforts de l'imagination & du sentiment ont été plus heureux & plus communs dans le Sud. Tandis que les bords de la Baltique s'illustroient par les travaux des Copernic, des Tycho-Brahé, des Kepler, ceux de la Méditerranée produisoient des hommes de génie dans tous les genres, & abondoient en poëtes, en historiens, aussi-bien qu'en savans.

Dans ces contrées, le savoir prit sa source dans le cœur & dans l'imagination ; dans le Nord, il est encore borné aux seuls genres qui sont du ressort du jugement & de la mémoire. Des détails fideles sur les événemens publics sans beaucoup de discernement touchant leur importance respective ; les traités & les prétentions des nations ; les généalogies des souverains ; les dates de leur naissance ; voilà les grands objets que la littérature du Nord s'est attachée à conferver religieufement, tandis qu'elle laiffe éteindre dans l'oubli les lumieres de l'efprit & les fentimens de l'ame. L'hiftoire du cœur humain, les mémoires intéreffans qui nous tranfmettent les procédés francs & naturels de la vie privée auffi-bien que les fonctions éclatantes des grandes places ; le fel de la plaifanterie ; les traits perçans du ridicule ; tous les genres de l'éloquence, chez les anciens & chez les modernes, fe trouvent confinés, prefque fans exception, fous les mêmes latitudes que la figue & le raifin.

Ces diverfités dans le génie naturel, fi elles font réelles, doivent principalement avoir leurs caufes dans l'économie animale : on a fouvent remarqué que le vin croît dans les pays où le fang a le moins befoin de fon fecours pour entrer en fermentation. Les liqueurs fpiritueufes qui, chez les peuples méridionaux, font ou défendues à caufe de leurs effets pernicieux, ou peu recherchées par décence, & parce que le tempérament est assez chaud par lui-même, ont dans le nord un charme particulier ; elles réveillent & allument les sens, & procurent cette vivacité d'esprit, cette chaleur de sentiment que refuse le climat.

Les desirs dévorans, les passions brûlantes, qui dans un climat s'allument entre les deux sexes, ne sont dans un autre climat, qu'une froide considération ou une indulgence mutuelle pour des dégoûts réciproques. On est frappé de cette différence, en croisant la méditerranée, en remontant le Mississipi, en traversant les montagnes du Caucase, en passant des Alpes & des Pyrénées aux rivages de la mer Baltique.

Sur les frontières de la Louisiane, le sexe féminin domine par le double ascendant de la superstition & de la passion. Chez les naturels du Canada, il est esclave & n'est considéré que par ses travaux, par le service domestique qui est son partage (*a*).

Les fureurs de l'amour, les tortures de la jalousie qui ont régné si longtemps dans les sérails & les harems d'Asie & d'Afrique, & qui, dans le midi de l'Europe, ont à peine donné lieu à quelque différence dans la religion & dans les établissemens civils, avec quelque diminution de chaleur dans le climat, à une certaine latitude, ces passions terribles se changent aisément en une passion momentanée, qui s'empare de l'ame sans l'affoiblir, & qui la porte à des faits romanesques : plus avant vers le Nord, c'est un esprit de galanterie qui occupe l'esprit & l'imagination plus que le cœur ; qui préfére l'intrigue à la jouissance, & met l'affectation & la vanité à la place des desirs & du sentiment. A mesure que l'on s'éloigne du soleil, cette passion dégénere de plus en plus en une habitude de liaison domestique, & se ré-

_____

(*a*) Charlevoix.

froidit jusqu'à un point d'insensibilité tel que, si les deux sexes avoient la liberté du choix, à peine préféreroient-ils cette espece de société.

A la vérité, ces variations dans le tempérament & le caractere, ne répondent pas au nombre de degrés que l'on compte de l'équateur au pôle ; on sait que la température de l'air elle-même ne dépend point de la latitude. La nature du sol, la position des lieux, l'éloignement ou le voisinage de la mer, affectent l'atmosphére, & doivent avoir des effets signalés sur la composition de l'économie animale.

Les climats d'Amérique different de ceux d'Europe, pris sous les mêmes paralleles. Là d'immenses marais, de grands lacs, des forêts antiques, épaisses & dégradées, & toutes les particularités qui caractérisent un pays en friche, remplissent l'air de vapeurs humides & malfaisantes, qui doublent la rigueur des hyvers, & par l'abondance & la continuité des brouillards, des neiges & des frimats, font éprouver, durant plusieurs mois, sous la zône tempérée, les incommodités de la zône glaciale. Le Samoïede & le Lapon ont cependant leurs analogues sur les côtes de l'Amérique, quoique sous une latitude inférieure : le Canadien & l'Iroquois ont une grande conformité avec les anciens habitans des climats mitoyens d'Europe : le Mexiquain, semblable à l'Asiatique de l'Inde, comme lui adonné au plaisir, étoit plongé dans la mollesse & énervé par les délices ; malgré l'exemple de voisins sauvages & libres, il avoit courbé sa foible tête sous le joug de la superstition, & laissé le despotisme s'établir sur des fondemens durables.

Une grande partie de la Tartarie est située sous les mêmes parallèles que la Grèce, l'Italie & l'Espagne ; cependant le climat est très-différent ; tandis que les côtes de la méditerranée, & celles de la mer Atlantique jouissent de saisons variées, distinctes & tempérées dans le passage de l'une à l'autre, les parties orientales de l'Europe & le continent occidental de l'Asie sont affligés par tous les extrêmes. Un été brûlant semblable à une contagion dévorante se fait sentir, nous dit-on, presque jusqu'à la mer glaciale; & l'habitant, pour se soustraire aux persécutions d'insectes pernicieux, est obligé de s'envelopper dans les mêmes tourbillons de fumée auxquels il a recours dans l'autre saison, pour se garantir des rigueurs du froid. Le retour de l'hyver est subit; son âpreté, presqu'égale sous les diverses latitudes, désole la face de la terre, depuis l'extrémité septentrionale de la Sibérie, jusqu'aux pieds du mont Caucase & aux frontières de l'Inde.

Cette inégalité dans la distribution des climats que l'on présume rendre le sort aussi-bien que le caractere national de l'Asiatique du Nord inférieur à ceux des Européens qui habitent sous les mêmes parallèles, on la retrouve cependant avec la même gradation d'esprit & de tempérament, en suivant le méridien dans l'un & l'autre sens; le Tartare du Sud a sur les Tonguses & les Samoïedes la même prééminence que l'on reconnoît dans certaines nations de l'Europe sur leurs voisins, eu égard aux avantages d'une situation plus favorable.

L'hémisphere Méridional offre à peine matiere à de semblables observations. Sa zône tempérée n'a pas encore été découverte, ou n'est connue que par deux promontoires, le Cap de Bonne-Espérance & le Cap Horn, qui s'avancent à des latitudes modérées vers ce côté-là de la ligne. Mais le sauvage du Sud de l'Amérique, malgré l'interposition des nations du Pérou & du Mexique, ressemble au sauvage du Nord qui lui correspond; le Hottentot ressemble, à bien des égards, au barbare de l'Europe; il est jaloux de sa liberté, il a des commencemens de police, & une vigueur nationale qui fait diftinguer fa race au milieu des autres peuplades Africaines expofées à l'action plus perpendiculaire du foleil.

Après avoir tracé dans ces obfervations ce que préfente, à un coup d'œil rapide, l'hiftoire de l'efpece humaine, & les inductions que l'on peut tirer de l'obfcurité de certaines nations qui habitent des parties confidérables de la terre, auffi-bien que de la fplendeur des autres, il s'en faut bien que nous foyons en état d'expliquer comment le climat peut influer fur le tempérament, & former le génie de fes habitans.

Que la trempe d'ame & les opérations intellectuelles de l'efprit foient, jufqu'à un certain point, dépendantes de l'état de l'organifation animale, c'eft une vérité bien conftatée par l'expérience. Un homme eft différent de lui-même dans la bonne & la mauvaife fanté; le changement d'air, de nourriture, d'exercice, agit sur lui d'une façon marquée ; mais dans tous ces cas, tout familiers qu'ils sont, nous sommes bien embarrassés de lier la cause avec l'effet que nous lui attribuons : & quoique le climat, en tant qu'il renferme en soi différentes causes de cette espece, puisse, par une influence réguliere, affecter le caractere des hommes, nous ne pouvons nous flatter d'expliquer jamais la maniere dont ces influences opérent, jusqu'à ce que nous soyons parvenus à connoître ce que probablement nous ne connoîtrons jamais, la structure de ces organes si déliés auxquels sont attachées les opérations de l'ame.

Lorsque nous indiquons, dans la situation d'un peuple, des particularités qui, en déterminant les objets de son attention & de ses poursuites, décident ses habitudes & son genre de vie ; & lorsqu'au lieu de remonter à la source physique que l'on peut assigner à ses penchans, nous attribuons sa conduite à un plan réfléchi, alors nous parlons de causes & d'effets, dont la liaison est plus familiere & plus connue. Nous concevons, par exemple, qu'une race d'hommes telle que le Samoïede, retirée dans des cavernes & ensevelie dans les ténèbres pendant une grande partie de l'année, doit avoir des idées & des mœurs différentes des peuples qui sont en liberté pendant toutes les saisons, ou qui, au lieu d'avoir à se garantir des rigueurs d'un froid excessif, sont occupés à chercher des préservatifs contre les ardeurs d'un soleil dévorant. Le feu & l'exercice sont les expédiens contre le froid, le repos & l'ombre contre le chaud. Le Hollandois actif, industrieux en Europe, devient nonchalant & paresseux dans l'Inde. (a).

(a) Les matelots Hollandois qui avoient fait le siége de Malacea, mirent en pieces, ou brûlerent les toiles à voiles qu'on leur avoit données pour se faire des tentes, afin de n'avoir pas la peine de les faire, ni de les dresser. *Voy. de Matelief.*

Les degrés extrêmes du froid & du chaud, sous un point de vue moral, sont peut-être également contraires à l'activité : en offrant des difficultés insurmontables à combattre, ou des attraits irrésistibles à l'indolence & au repos, ils empêchent les premieres tentatives de l'industrie, ou en arrêtent le progrès. Quelques obstacles médiocres du côté de la situation, font éclore les ressources du génie, & encouragent ses efforts par l'espérance du succès. « C'est dans les positions peu favorables, dit J. J. Rousseau, que les arts ont été le plus florissans; je les montrerois naissans en Egypte, & s'étendant avec les débordemens du Nil; je suivrois leurs progrès chez les Grecs, où on les vit germer, croître & s'élever jusqu'aux cieux, parmi les sables & les rochers de l'Attique, sans qu'ils ayent pu prendre racine sur les bords fertiles de l'Eurotas », &c.

Par-tout où l'espece a commencé par ne subsister qu'à l'aide du travail, & par lutter contre des obstacles, l'industrie a suppléé aux inconvéniens de la situation : des terres fertiles, salubres & d'une culture aisée sont restées en friche, & des marais infectes & malsains ont été desséchés à force de bras (*a*); la mer s'est vue resserrée par de puissantes digues où le terrein qu'on lui enlevoit, ne fournit ni matériaux, ni de quoi compenser les dépenses qu'il exige. Des ports ont été ouverts & ont étalé une marine formidable où des bateaux de transport, à moins qu'ils ne fussent construits pour le local, ne trouvoient pas assez d'eau pour être à flot. Du sein de la fange se sont élevés des édifices élégans & magnifiques, & toutes les commodités de la vie ont abondé dans des lieux que la nature sembloit n'avoir point destinés à être habités par des hommes. On auroit grand tort d'imaginer que ce

_____

(*a*) Comparez l'état de la Hongrie avec celui de la Hollande.

sont les avantages naturels qui déterminent le siege des arts & du commerce. Les hommes font plus où ils rencontrent des difficultés à vaincre, que où la nature leur présente des jouissances aisées : & l'ombrage du chêne & du pin est plus favorable au génie que celui du palmier & du tamarin.

On s'attend bien après les observations que nous avons faites précédemment, que parmi les avantages qui mettent les nations en état de parcourir la carriere de la police aussi-bien que des arts, nous nous garderons bien d'omettre toutes les circonstances qui les disposent à se partager & se maintenir en communautés distinctes & indépendantes. La communication & la société des hommes entr'eux ne sont pas plus nécessaires pour former l'individu, que ne le sont la rivalité & la concurrence des nations, pour renforcer dans les états les principes de la vie politique. Leurs guerres & leurs traités, leurs jalousies mutuelles & les établissemens qu'elles inventent en vue l'une de l'autre, constituent plus de la moitié des occupations publiques & fournissent matiere au développement le plus heureux des talens de tout genre. C'est par cette raison que des archipels, où un continent partagé par des barrieres naturelles, telles que les grandes rivieres, les chaînes de montagnes & les bras de mer, sont plus propres à être le berceau de nations indépendantes & respectables. Chaque état étant bien incontestablement séparé, il s'établit dans chaque division un principe de vie politique, & le chef-lieu de chaque district, semblable au cœur dans un corps animal, communique aisément à tous les membres le chyle nourricier & l'esprit national.

C'est dans les contrées, dont au moins une partie de la frontiere est baignée par la mer, que se sont trouvées dans tous les temps les nations les plus respectables. Cette barriere, peut-être la plus forte de toutes dans les temps de barbarie, ne dispense cependant pas même alors des soins qu'exige la défense publique; & dans les temps perfectionnés par les arts, elle favorise le commerce, & lui offre ses plus grandes ressources.

Les nations opulentes & indépendantes étoient donc répandues sur les rivages de la mer pacifique & de l'Atlantique. Elles environnoient la mer Rouge, la Méditerranée & la Baltique; tandis qu'à l'exception de quelques tribus cantonnées dans les montagnes qui bordent l'Inde & la Perse, ou de quelques établissemens informes jettés le long des criques & des côtes de la mer Caspienne & du Pont-Euxin, on rencontre à peine dans le vaste continent de l'Asie, un peuple qui mérite le nom de nation. Une plaine sans bornes est traversée dans son immensité par des hordes toujours en mouvement, qui se poussent mutuellement, se déplacent & se tourmentent par leurs hostilités réciproques. Quoique peut-être elles ne se soient jamais mêlées ensemble dans leurs chasses & dans la jouissance de leurs paturâges, elles n'ont cependant aucun des principaux caracteres de nation, qualité inséparablement attachée au territoire, & qui ne peut être imprimée que par l'attachement au sol où l'on est né. Elles se meuvent en troupes sans ordre, sans concert national, & elles offrent une proie facile à saisir à tout usurpateur qui s'éleveroit dans leur sein, ou au Chinois & au Moscovite, de qui elles tirent & leur subsistance & les commodités de la vie.

Lorsqu'il s'est formé un heureux systême de nations, elles ne se reposent pas, sur les barrieres que la nature a élevées entr'elles, du soin de conserver les noms qui les séparent ainsi que leur indépendance politique. Leurs jalousies respectives servent à entretenir un équilibre de puissance; & ce moyen est plus efficace que l'Océan & le Rhin, que les Alpes & les

Pyrénées dans l'Europe moderne ; que le détroit des Thermopyles, les montagnes de la Thrace, ou les rades de Salamine & de Corinthe, qui, dans l'ancienne Gréce, formoient ces séparations, auxquelles les habitans de ces heureuses contrées furent redevables de leur félicité en qualité de nations, de toutes les espèces de mérite social & de l'éclat de leur renommée.

Si nous voulons poursuivre l'histoire de la société civile, ce sont là les exemples qui doivent fixer notre attention ; il nous faut abandonner ces régions où notre espèce, par l'effet soit de la situation, soit du climat, semble plus bornée dans ses facultés intellectuelles, & sa marche plus lente & plus circonscrite par rapport aux progrès de la société.

CHAPITRE II.

Histoire de la subordination.

Nous avons jusqu'ici considéré les hommes ou comme réunis sur un pied d'égalité, ou comme disposés à admettre une subordination fondée uniquement sur leur respect ou leur attachement volontaire pour leurs chefs; mais dans l'un & dans l'autre cas, sans aucun plan concerté de gouvernement, sans système de loix.

Le sauvage, dont les possessions se bornent à sa cabanne, à son arc & ses bras, se contente de cette richesse & du degré de sûreté qu'il peut se procurer lui-même. Dans ses rapports avec son égal, il n'apperçoit aucun sujet de contestation qui demande à être soumis à la décision d'un Juge; il ne voit personne qui porte les marques de la magistrature ou d'un commandement perpétuel.

Le barbare, quoique son admiration pour les qualités personnelles, pour l'éclat d'une naissance héroïque, pour une fortune supérieure, le porte à suivre la banniere d'un chef, & à se résoudre à jouer un rôle subordonné dans sa tribu, est bien loin de soupçonner que ce qu'il fait par choix, puisse devenir pour lui un devoir; il agit par des affections qui ne connoissent point les formes: s'il est provoqué, s'il se trouve engagé dans une dispute, il a recours à l'épée comme au juge en dernier ressort de toute question de droit.

Cependant les choses humaines continuent leur marche. Ce qui n'étoit dans une génération qu'un penchant à s'attrouper avec son espece, fut, dans les âges subséquens, un principe d'union nationale. Ce qui n'avoit été dans l'origine qu'une association pour la défense commune, devint un systême combiné de force politique; le soin de pourvoir à la subsistance dégénéra en une inquiétude d'esprit qui voulut accumuler les richesses, & donna naissance aux arts de commerce.

Les hommes, en suivant l'impulsion du moment, en cherchant à remédier aux inconvéniens qu'ils éprouvent, ou à se procurer les avantages qui se présentent à leur portée, arrivent à des termes qu'ils ne pouvoient prévoir, même en imagination : &, comme les autres animaux, ils fournissent la carriere de leur nature sans en appercevoir le but. Le premier qui dit : « Je veux m'approprier ce champ ; je veux le transmettre à mes héritiers », ne voyoit pas qu'il établissoit le fondement des loix civiles & des établissemens politiques. Le premier qui se rangea sous un chef, ne soupçonnoit pas qu'il donnoit l'exemple d'une subordination permanente, qui seroit un prétexte pour l'homme arrogant d'exiger de lui du service, & pour l'homme avide, de s'emparer de ses possessions.

En

En général, les hommes sont assez naturellement portés à faire des systêmes & des projets : mais celui qui s'aviseroit d'en faire pour les autres, trouveroit de l'opposition de la part de tous ceux qui veulent en faire pour leur propre compte. Semblables aux vents, qui viennent on ne sait d'où, & qui soufflent par-tout où il leur plaît, les formes des sociétés se rapportent à une origine obscure & lointaine ; elles naquirent avant la date de la philosophie, & l'instinct y eut plus de part que les spéculations. La multitude est toujours dirigée dans les établissemens & les mesures qu'elle adopte, par les circonstances dans lesquelles elle se trouve ; rarement un faiseur de projets a eu le crédit de la détourner de son chemin, pour lui faire suivre son plan.

Tous les pas de la multitude, tous ses mouvemens, même dans ce qu'on appelle les siecles éclairés, c'est toujours les yeux fermés sur l'avenir qu'elle les fait ; les nations rencontrent, comme par hazard, des établissemens qui font, à la vérité, le produit de l'action des hommes, & non pas le résultat de desseins formés par eux. Cromwell à dit qu'un homme ne va jamais plus loin que lorsqu'il ne fait où il va ; la même chose peut se dire avec plus de raison des sociétés ; elles admettent les plus grandes révolutions, lors même qu'elles n'ont pas intention de faire le plus léger changement, & les politiques les plus déliés voyent rarement jusqu'où les conséquences ultérieures de leurs projets peuvent conduire l'état.

Si nous nous en rapportons au témoignage de l'histoire moderne, & à ce qu'il y a de plus authentique dans l'histoire ancienne ; si nous considérons ce qui se passe chez les nations de toutes les parties du monde, soit dans l'état de barbarie, soit dans l'état de civilisation, nous trouverons peu de faits qui ne tendent à confirmer cette assertion. On ne voit

de la Société Civile. 339

aucune constitution qui ait été formée par un concert unanime, aucun gouvernement copié d'après un plan. Les membres d'un petit état ont pour objet capital, le maintien de l'égalité; les membres d'un plus grand état, se trouvent classés entr'eux d'une manière qui prépare les voies à la monarchie. On passe d'une forme de gouvernement à une autre, par des transitions faciles; & le plus souvent, sous les dénominations anciennes, on adopte une constitution nouvelle. Les germes de toutes les formes politiques sont renfermés dans la nature humaine; le temps les développe & les mûrit successivement. La préférence que l'une obtient sur les autres, n'est quelquefois que l'effet d'un ingrédient imperceptible caché dans le sol.

Il faut, par conséquent, recevoir avec précaution l'histoire des anciens législateurs & des fondateurs d'états. Leurs noms se présentent à nous, environnés des éloges de tous

P ij

les siecles ; les plans qu'on leur attribue, sont consacrés par l'admiration ; on joint perpétuellement l'auteur à l'ouvrage, comme on joint l'effet à la cause ; & l'on regarde comme les fruits de la sagesse, ce qui ne fut probablement que les conséquences de la situation antérieure, & d'une longue suite d'événemens. On conçoit que c'est sous la forme la plus simple, qu'il faut envisager l'établissement des nations : & sans cesse, on fait honneur à la prévoyance de choses que l'expérience seule pouvoit apprendre, dont aucune prudence humaine ne pouvoit avoir l'idée, & qu'il seroit impossible à un individu, quelle que fût son autorité, d'exécuter sans le concours des dispositions, & des desirs de son siecle.

Si même dans les siecles où la raison a étendu son ressort & où l'on s'occupe de perfectionnemens, les hommes tiennent encore obstinément à leurs institutions ; si, malgré des inconvéniens manifestes dont ils sont tous les jours tourmentés, ils ont tant de peine à se dégager des chaînes de la coutume ; que devoient-ils donc être aux temps de Lycurgue & de Romulus ? Etoient-ils plus disposés à accueillir les systêmes des innovateurs, & à secouer le joug de l'habitude ? Les supposera-t-on plus dociles, plus complaisans, lorsqu'ils étoient moins éclairés ; ou plus susceptibles de perfection, lorsque leurs facultés intellectuelles étoient plus bornées ?

On imagine peut-être que des peuples grossiers sentent assez vivement les défauts qui les molestent, & le besoin de changer leurs usages, pour adopter avec empressement des plans de réforme, & recevoir, avec une complaisance implicite, toute espece de proposition plausible. On se persuade, en conséquence, que la lyre d'Orphée a pu faire dans un temps ce que l'éloquence de Platon n'auroit pu opérer dans un autre. C'est connoître bien peu le caractere des siecles de simplicité ; c'est alors que les hommes apperçoivent le moins de défauts, & qu'ils sont le moins tentés d'entreprendre des réformes.

D'un autre côté, on ne peut contester la réalité de certains établissemens faits à Rome & à Sparte : mais il est vraisemblable que la constitution de ces deux états dût sa naissance à la situation & au génie du peuple, & non à des systêmes imaginés par des particuliers ; que le guerrier & le politique célèbres que l'on regarde comme leurs fondateurs, jouerent seulement le premier rôle parmi leurs compatriotes, disposés à embrasser les mêmes institutions ; & que la renommée qu'ils ont laissée après eux, les a fait passer dans la postérité pour les inventeurs de plusieurs pratiques déja usitées avant eux, qui avoient contribué à former leur génie & leurs idées, aussi-bien que ceux de leurs nations.

On a déja observé plus haut que les usages des nations simples sont conformes en bien des points aux choses que l'on a attribuées à l'invention des premiers hommes d'état ; que la combinaison du gouvernement républicain, le sénat & l'assemblée du peuple ; que même l'égalité dans les propriétés, & la communauté des biens, n'avoient pas été réservés aux découvertes des particuliers.

Si nous considérons Romulus comme le fondateur de Rome, certainement celui qui tua son frere pour régner seul, ne devoit pas desirer d'établir un contrepoids à son autorité dans l'autorité du sénat, ni de soumettre les actes de sa souveraineté au jugement du peuple assemblé. L'amour de la domination est par sa nature, ennemi de toute contrainte. Le chef de l'état rencontra ce que rencontre tout commandant chez les peuples grossiers, une classe d'hommes dont il ne pouvoit se passer, obstinés à prendre part à ses délibérations. Il survint des conjonctures pour lesquelles le peuple se trouva rassemblé en corps, comme s'il eût été convoqué

P iv

au son de la trompette, & dans ces occasions, il prit des résolutions que l'on eût inutilement entrepris de contredire ou d'empêcher; ainsi Rome qui avoit commencé sur le plan simple & général de toute société naissante, trouva ses plus solides améliorations, en cherchant les expédiens qu'exigerent les circonstances, & elle parvint à donner la consistance à sa structure politique, en ajustant les prétentions des partis qui s'éleverent dans l'état.

Dès les premiers âges de société, les hommes apprennent à desirer la richesse, & à admirer les distinctions: ils ont de l'avarice & de l'ambition, & suivant l'occurrence, ces passions les portent à conquérir & à piller: mais dans le cours ordinaire des choses, ces passions sont balancées ou réprimées par des penchans & des habitudes contraires; par l'amour du repos ou par l'intempérance; par des attachemens ou des haines particulieres, qui font diversion aux impulsions de l'intérêt. Ces différens mobiles rendent les hommes alternativement paisibles ou violens; ils produisent le calme ou le désordre dans l'intérieur, mais ils empêchent ceux qui en sont animés, de suivre aucun plan d'usurpation; alors on craint du dehors le pillage & l'esclavage; & la guerre ou offensive ou défensive, est la grande affaire de toute tribu. L'ennemi occupe toutes ses pensées, & ne lui laisse pas le temps de se livrer à des dissentions domestiques. Cependant l'objet capital de toute communauté particuliere, est de pourvoir à sa sûreté; à mesure qu'elle y parvient, soit en fortifiant ses frontieres, soit en affoiblissant son ennemi, ou en se procurant des alliés, l'individu tranquille au-dedans, regarde autour de lui ce qu'il peut avoir à perdre ou à gagner : le chef songe à étendre les avantages attachés à son poste; le particulier prend ombrage d'une prérogative qui peut devenir

P v

redoutable par ses accroissemens ; & les prétentions d'intérêt ou de prééminence, divisent les parties qu'avoient unies l'affection & l'habitude, ou le motif de leur conservation commune.

Lorsque l'esprit de faction s'est établi au-dedans, & que l'amour de la liberté est aux prises avec les prétentions de l'autorité, il s'offre alors un nouveau théâtre aux membres de la société pour y déployer leur activité. Peut-être avoient-ils eu des débats sur des points d'intérêts ? peut-être s'étoient-ils partagés entre différens chefs ? mais jamais ils ne s'étoient réunis comme citoyens pour s'opposer aux accroissemens de la souveraineté, ou pour soutenir leurs droits communs en qualité de nation. Si, dans ce conflit, le prince trouve un parti favorable aussi bien qu'un parti contraire à ses prétentions, il peut arriver que l'épée aiguisée contre les ennemis du dehors, soit tournée contre les concitoyens, & que les intervalles de paix extérieure, soient remplis par des guerres intestines. Les noms sacrés de liberté, de justice, d'ordre civil, retentissent dans les assemblées publiques, & au défaut d'autres alarmes, ils fournissent à la société une matiere abondante de fermentation & d'énergie.

Si ce qu'on rapporte des petites principautés qui, dans les temps les plus reculés, s'étoient formées dans la Gréce, dans l'Italie & dans toute l'Europe, s'accorde avec le caractere que nous avons assigné à l'espece humaine sous les premieres impressions de la propriété, de l'intérêt & des distinctions héréditaires ; on trouvera que les séditions & les guerres domestiques qui, dans ces états, suivirent l'expulsion des rois, où les débats concernant la prérogative des souverains, & les privileges des sujets, ne sont pas moins conformes à l'idée que nous voulons donner maintenant des premiers pas qui ont été faits vers les établissemens politiques

& vers le desir d'une constitution légale.

Quelle que soit cette constitution dans sa forme la plus ancienne, elle dépend de diverses circonstances prises dans la condition des nations ; elle dépend de l'étendue de la principauté dans son état de grossiéreté, du degré d'inégalité auquel on s'étoit soumis avant qu'on s'avisât de réclamer contre ses abus : elle dépend aussi de ce que nous appellons les accidens, tels que le caractere personnel d'un individu, ou les événemens d'une guerre.

Toute communauté est peu considérable dans l'origine. Le penchant qui porte les hommes à se réunir en premier lieu, n'est pas le principe qui les porte dans la suite à s'agrandir. De petites tribus, à moins qu'elles ne soient rassemblées par un projet commun de défense ou de conquête, sont même très éloignées de vouloir se rapprocher & se confondre. Si plusieurs nations viennent à combiner leurs forces pour l'exécution d'une simple entreprise, de la maniere dont se forma la confédération vraie ou fabuleuse des Grecs pour la destruction de Troye, elles se séparent aussi-tôt après, & continuent de se comporter suivant les maximes qui conviennent à des états rivaux.

Peut-être y a-t-il un point relativement à l'étendue nationale, où les passions d'un ou de quelques-uns peuvent aisément se communiquer à tous, & certaines bornes relativement au nombre des hommes, où il leur est facile de s'assembler & d'agir en corps. Tant que la société ne s'étend pas au-delà de cette dimension, & que ses membres se rassemblent aisément; s'il s'éleve des contestations touchant la constitution, il est rare que l'on ne procéde suivant les maximes républicaines, & qu'on n'en vienne à établir la démocratie. A l'égard des principautés les plus grossieres, la prérogative du chef ne fut fondée que sur l'illustration de sa race, & sur l'attachement volontaire de sa tribu : le peuple, dont il eut le commandement, étoit ses soldats, ses parens, ses amis, ses sujets. Si, par quelque changement arrivé dans les mœurs, on suppose qu'ils cessent de respecter sa dignité, qu'ils prennent ombrage du pouvoir exorbitant qu'il s'arroge, ou qu'ils aspirent à rétablir l'égalité ; dès ce moment, la base de sa puissance est détruite. Dès que des sujets volontaires deviennent réfractaires, dès qu'un corps entier, ou des parties considérables d'un corps, préferent d'agir pour eux-mêmes ; un petit état, tel que le royaume d'Athenes, se change nécessairement en république.

Les changemens survenus dans le sort & les mœurs des peuples, qui placent à leur tête un chef ou un prince selon la marche de l'espece, établissent, dans le même temps, une noblesse & divers rangs qui, dans des degrés proportionnels, aspirent à la considération. La superstition peut aussi créer un ordre d'hommes qui, sous le titre de sacerdoce, épousent un intérêt séparé ; qui, par leur union, leur consistance en qualité de corps, par leur adresse, & par leur ambition non interrompue, méritent d'être comptés parmi les prétendans à l'autorité. Ces différens ordres sont les élémens dont le mélange compose le corps politique en général ; chacun d'eux attire à soi quelque portion de la masse du peuple. Le peuple lui-même devient un parti dans l'occasion ; des hommes réunis en nombre, de quelque maniere qu'ils soient classés & distingués, se font obstacle & se tiennent en échec réciproquement, par leurs vues particulieres & leurs prétentions discordantes ; en portant dans les conseils nationaux les idées & les maximes de tel ou tel ordre ; & en soutenant un intérêt particulier, ils influent réellement dans l'arrangement ou le maintien de la forme politique de l'état.

Les prétentions d'un ordre, si elles n'étoient balancées par quelque pouvoir collatéral, aboutiroient à la tyrannie; celles du prince, au despotisme; celles de la noblesse ou du Clergé, aux abus de l'aristocratie; celles de la populace, au bouleversement de l'anarchie. Ces termes extrêmes ne sont jamais le but avoué d'aucun parti; rarement même ils en sont le but secret: mais les mesures que suit tout parti, conduiront aux excès, si on lui laisse prendre le dessus. En voulant obtenir l'ascendant, on cherche à gagner du terrein. Au milieu du conflit des intérêts opposés, il est possible que la liberté ait une existence ou permanente ou passagere, & que la constitution prenne successivement toutes les modifications & les formes que peut produire la combinaison fortuite de pareils intérêts multipliés.

Pour que les sociétés jouissent d'une certaine portion de liberté politique, il suffit peut-être que leurs membres, soit séparément, soit conjointement avec les différens ordres où ils sont incorporés, ayent la faculté de revendiquer leurs droits ; que, dans une république, le citoyen puisse faire valoir efficacement sa propre égalité, ou contenir dans de justes bornes l'ambition de son concitoyen ; que, dans une monarchie, l'homme de tous les états, puisse maintenir l'honneur qui lui appartient à raison de sa condition privée, ou de ses fonctions publiques, & qu'il ne soit jamais forcé à sacrifier ni aux artifices de la cour, ni aux caprices de la populace des dignités qui sont, jusqu'à un certain point, à l'abri des atteintes de la fortune, pour assurer la stabilité du trône & faire respecter le sujet.

Au milieu des contestations des partis, quelquefois on oublie totalement l'intérêt public, & même les maximes de la justice & de la droiture ; cependant il n'en résulte pas toujours les funestes conséquences qu'un pareil degré de corruption semble préfager. Souvent l'intérêt public eft affuré, non parce qu'il eft le but auquel les individus rapportent toute leur conduite, mais parce que chacun d'eux en particulier, eft déterminé à défendre fon propre intérêt. La liberté eft maintenue par les débats & les oppofitions foutenues, & non par le zele & l'affection unanimes pour un gouvernement équitable. Dans les états libres, les loix les plus fages ne furent peut-être jamais dictées par l'efprit & l'intérêt d'un corps en particulier : après avoir été demandées, contredites, corrigées par différentes mains, elles parvinrent à la fin à rencontrer ce milieu, ce point de conciliation, auquel les parties contendantes furent forcées l'une par l'autre d'acquiefcer.

Lorfque l'on confidere l'hiftoire de l'efpece humaine fous ce point de vue, on n'eft plus embarraffé à trouver les caufes qui, dans les petites communautés, firent pencher la balance du côté de la démocratie; qui firent prévaloir le monarchisme dans les états plus considérables à l'égard du territoire & de la population; & qui, dans des âges différens & des positions très-variées, induisirent les hommes à joindre & fondre des parties de différens systêmes; &, au lieu d'adopter une des constitutions simples que nous avons spécifiées (a), à former des mélanges de toutes.

Au sortir d'un état de rudesse & de simplicité, il faut s'attendre que les hommes agiront suivant cet esprit d'égalité ou cette subordination à peine marquée auxquels ils sont accoutumés. Resserrés dans des villes ou dans l'espace d'un modique territoire, ils agissent par des passions qui se communiquent comme une contagion; chaque individu se sent une importance proportionnée au nombre

___

(a) Partie 1, sect. 16.

de ſes aſſociés, & à la figure qu'il fait dans la foule. Ceux qui aſpireroient à l'autorité & à la domination, ſont dans un point de vue trop rapproché pour en impoſer à la multitude; ils n'ont point de forces à leurs ordres, pour les aider à aſſujettir les diſpoſitions rebelles d'un peuple qui leur réſiſte. On prétend que Théſée roi d'Attique, raſſembla dans une ſeule ville les habitans de ſes douze cantons; c'étoit le moyen le plus efficace pour accélérer la chûte de ſa puiſſance ſouveraine, & former en démocratie ce qui faiſoit auparavant des membres ſéparés de ſa monarchie.

Le monarque d'un vaſte pays a bien de l'avantage pour maintenir ſon autorité. Il peut, ſans ſurcharger ſes ſujets, prendre un train magnifique, qui frappe l'imagination de ſon peuple par l'éclat de la richeſſe qu'il lui fournit lui-même. Il ſe ſert des habitans d'un diſtrict contre ceux d'un autre; & tandis que la mutinerie &

la révolte ne peuvent soulever à la fois qu'une partie de ses sujets, il a à sa disposition la force générale pour se soutenir. L'éloignement même où il est placé par rapport au plus grand nombre de ceux qui lui obéissent, augmente encore le respect & la crainte religieuse que l'on a pour son administration.

Cependant le hasard, & la corruption, jointes à une infinité de circonstances, peuvent, malgré ces tendances, jetter certains états hors du cours ordinaire des choses, & produire des exceptions aux regles générales. C'est ce qu'on a vû arriver dans quelques souverainetés de la Gréce & de l'Italie moderne, en Suéde, en Pologne, & dans l'Empire Germanique. Les provinces unies des Pays-Bas, & les cantons Suisses sont peut-être les seules grandes communautés, qui ayent maintenu, pendant un temps aussi considérable, une confédération de plusieurs nations, sans céder à la pente qui mene au gouvernement monarchique ; & la Suede est l'unique exemple d'une république établie dans un grand royaume, sur les ruines de la monarchie.

Le souverain d'un petit district ou d'une simple ville, s'il n'est aidé par la contagion des mœurs monarchiques, comme il est arrivé dans l'Europe moderne, ne possède qu'une autorité précaire ; l'esprit mutin de son peuple le tient dans des alarmes continuelles ; ses craintes, ses soupçons sont la regle de sa conduite ; il ne se maintient que par la force, la sévérité & la vigilance à prévenir toute entreprise.

Dans une grande nation, telles que sont l'Allemagne & la Pologne, les corps aristocratiques & les corps populaires éprouvent la même difficulté à maintenir leurs prétentions ; dans la crainte d'usurpations de la part du pouvoir souverain, ils n'osent confier au magistrat suprême le degré de force nécessaire pour constituer une puissance exécutrice.

Les états d'Europe contenoient, dans la disposition de leur premier établissement, les fondemens de la monarchie; ils étoient tout préparés à se réunir sous des gouvernemens vastes & réguliers. Si les Grecs dont les progrès dans l'intérieur de leur pays, aboutirent à former tant de républiques indépendantes, avoient exécuté, sous le commandement d'Agamemnon, un plan de conquête & d'établissement dans l'Asie, il est probable qu'ils nous auroient fourni un exemple de la même espece. Mais les habitans indigénes d'un pays, partagés en plusieurs cantons séparés, ne parviennent que bien lentement à s'unir & s'incorporer, au lieu que des tribus conquérantes y sont portées tout d'un coup, par leur réunion pour effectuer leurs conquêtes, ou pour défendre leurs possessions. César trouva dans les Gaules des centaines de nations indépendantes, que même leur commun danger ne put rapprocher assez pour former un état de défense considérable. Les conquérans Germains qui s'établirent sur les terres des Romains, firent dans le même district, plusieurs établissemens séparés, mais infiniment plus étendus que n'avoient pu faire les anciens Gaulois, dans l'espace de plusieurs siecles, après bien des confédérations, des traités & à la suite de leurs guerres.

Les colonies qui se partagerent l'empire Romain, porterent par-tout les germes des monarchies & des vastes dominations. Nous n'avons pas de dénombrement exact de ces multitudes qui ne cesserent, durant quelques siecles, d'attaquer, comme de concert, & de dévorer cette proie attrayante. Toutes les fois qu'elles prévoyoient de la résistance, elles tâchoient de rassembler des forces proportionnées; avoient-elles commencé à se fixer, d'autres nations venoient les déloger pour avoir part à cette riche dépouille. Répandus dans une grande province, ces barbares ne pouvoient être en sûreté, qu'en maintenant

maintenant leur union, ils continuerent à obéir au Général qui les avoit commandés dans les combats; & semblables à une armée dont les divisions occupent différens quartiers, ils se tenoient prêts à se rassembler, dès que les conjonctures exigeoient la combinaison de leurs mesures ou de leurs opérations.

Chaque division avoit son district, & chaque chef inférieur avoit ses possessions pour fournir à sa subsistance & à celle de sa bande. La subordination militaire fut le modele du gouvernement; la paie de l'officier étoit un fief proportionné à son grade (a). Le peuple étoit partagé en deux classes, l'une destinée au service militaire, l'autre à labourer les terres au profit de ses maîtres. L'officier rendit par degrés son sort meilleur, d'abord en changeant une concession à terme en une conces-

_____

(a) Voyez l'hist. d'Ecosse, par M. Robertson, liv. 1.

sion à vie, & même ensuite en une possession héréditaire, moyennant certaines conditions qu'il s'obligeoit à remplir.

La qualité de noble devint partout héréditaire, & forma un ordre puissant & permanent dans l'Etat. Tandis que cet ordre tenoit le peuple en servitude, il disputoit au Souverain ses prétentions, lui refusoit son service dans l'occasion, & tournoit même ses armes contre lui. C'étoit une barriere insurmontable contre l'introduction d'un despotisme général dans l'Etat; mais une barriere formée par des tyrans qui, avec leurs feudataires belliqueux, opprimoient leur petit district, & faisoient obstacle à l'établissement de l'ordre & d'une justice réglée. Ils profitoient des regnes foibles ou des minorités pour empiéter sur les droits du Souverain; ou bien, après avoir rendu la couronne élective, ils minoient & resserroient le pouvoir du Monarque par les traités successifs & les capitulations qu'ils faisoient passer à chaque élection. Dans quelques États, dans l'Empire Germanique en particulier, la prérogative du prince fut réduite à un vain titre ; & l'union nationale elle-même ne subsista plus que dans l'observation de quelques formalités de peu d'importance.

Mais lorsque le Souverain, à la faveur d'une grande prérogative héréditaire, fut plus heureux dans ses contestations avec ses vassaux, alors les seigneuries féodales furent dépouillées de leur puissance, les nobles réduits à l'état de sujets, & forcés de tenir leurs dignités de la bienveillance du prince, & d'exercer leur jurisdiction sous sa dépendance. Pour les amener au même degré de soumission que le peuple, & étendre son autorité, il étoit de son intérêt actuel d'affranchir leurs dépendans & le laboureur de l'oppression de ces supérieurs immédiats. En protégeant le peuple, en encourageant par-là le commerce & l'industrie, il se frayoit un chemin au pouvoir absolu ; & les mêmes moyens qu'il employoit pour délivrer le sujet de différentes vexations, opéroient en même-temps l'accroissement de l'autorité de la couronne.

Tous les Souverains de l'Europe ne réussirent pas également dans ce projet. Dans les Etats où la constitution donnoit au peuple le droit d'être représenté dans le gouvernement, & une protection sous laquelle il pût se prévaloir des richesses qu'il acquéroit, & du sentiment de son importance particuliere, cette politique tourna au détriment de la couronne ; il résulta delà une nouvelle puissance intéressée à restreindre sa prérogative, & à établir le gouvernement de la loi ; & l'on vit un spectacle nouveau dans l'histoire de l'humanité, la république mêlée avec la monarchie, & un vaste territoire gouverné durant quelques siecles, sans le secours de la force militaire.

Ce sont là les pas par lesquels les nations de l'Europe sont arrivées à l'état actuel où nous les voyons; les unes sont parvenues à posséder des constitutions légales, les autres sont sous un despotisme mitigé, ou continuent à lutter contre la tendance qu'elles ont chacune vers l'un des extrêmes.

Dans les derniers siecles, les progrès de l'Empire en Europe menaçoient d'être rapides, & de plonger l'esprit d'indépendance des nations dans l'abyme que les conquérans Ottomans ont ouvert pour eux & pour la race infortunée qui est tombée sous leur domination. Les Romains avoient été conduits par degrés à reculer les bornes de leur empire; toute acquisition nouvelle étoit le fruit d'une longue guerre; elle exigeoit des soins; il falloit envoyer des colonies & prendre toute sorte de mesures pour en assurer la possession. Le Souverain féodal, au contraire, du moment qu'il avoit un établissement, possédé du desir d'étendre son domaine, & de grossir la liste de ses vassaux, s'agrandissoit souvent, en donnant simplement des investitures, & recevoit, comme sujets de sa domination naissante, des Etats indépendans, sans faire de changemens importans dans leur régime politique. Des Principautés séparées étoient comme les piéces d'une machine, prêtes à être rassemblées, ou comme les matériaux d'un édifice qui n'attendent que la main du constructeur. Elles se trouvoient mêlées & confondues par des efforts communs pour leur défense, ou faciles à réduire l'une après l'autre. L'indépendance des petits Etats ne se soutenoit qu'à la faveur des jalousies mutuelles des Etats puissans, & par l'attention de tous à entretenir la balance du pouvoir.

L'heureux systême de politique qu'ont adopté les Puissances de l'Europe, pour maintenir cet équilibre, la modération qui, dans leurs négociations, est devenue habituelle même aux monarchies puissantes & victorieuses, en faisant honneur à l'humanité, donnent lieu d'espérer qu'il naîtra une félicité durable du préjugé plus universellement répandu qu'il ne le fut jamais, que le peuple qui auroit la folie d'être conquérant, opéreroit sa ruine en même-temps que celle de ses rivaux.

C'est dans ces Etats, peut-être, comme dans un édifice de vastes dimensions, que l'on peut appercevoir plus distinctement les différentes parties qui composent un corps politique, & observer ces rapports & ces oppositions d'intérêts qui servent à unir ou séparer différens ordres d'hommes, & qui, par les prétentions respectives qu'ils ont à soutenir, les menent à établir cette grande variété de formes politiques. Il est vrai que les plus petites républiques contiennent les mêmes élémens, & sont formées de membres qui sont animés d'un semblable esprit ; elles nous offrent des exemples du gouvernement diversifié par la combinaison fortuite des parties, & par les avantages divers que ces parties ont gagnés dans le conflit.

Il y a dans toute société une subordination accidentelle, indépendante de sa formation, & souvent contraire à l'esprit de sa constitution. L'administration & le peuple parlent le langage qui appartient à une certaine forme : dans quelques-unes, ils semblent ne reconnoître de titre à l'autorité qu'une nomination légale, dans d'autres, que la prérogative de la naissance & les dignités héréditaires ; cependant, ce qui donne le ton à l'Etat, & fixe son caractere, c'est cette subordination accidentelle, qui naît peut-être de la maniere dont la propriété est départie, ou de quelques autres particularités auxquelles sont attachés différens degrés d'influence.

A Rome, l'ordre Plébéien qui avoit été long-temps réputé d'une condition inférieure, & exclu des hautes magistratures, eut assez de crédit, en qualité de corps, pour faire abolir cette odieuse distinction ; mais les individus qui agissoient encore d'après les impressions de l'ancienne subordination, donnerent, dans toutes les élections, leurs suffrages aux Patriciens dont ils avoient éprouvé la protection, & en qui ils étoient accoutumés à reconnoître une autorité personnelle. De cette maniere l'ascendant des familles Patriciennes subsista, pendant un certain temps, aussi entier qu'il eût pu l'être, si les maximes aristocratiques n'eussent reçu aucune atteinte. Mais insensiblement les Plébéïens ayant partagé les grandes charges de l'Etat, l'effet de l'ancien préjugé fut ou détruit ou affoibli. On éludoit aisément les loix qui avoient été faites pour fixer les prétentions des différens ordres. La populace forma une faction, & les alliances plébéïennes devinrent la route la plus sûre pour parvenir aux honneurs.

Clodius se procura la qualité requise pour être tribun du peuple, en se faisant admettre par une prétendue adoption dans une famille Plébéïenne ; & César, en se déclarant pour la faction du peuple, se fraya le chemin à l'usurpation & à la tyrannie.

Dans un pareil état de fluctuation & d'instabilité, les formes de gouvernement ne sont que des manieres de procéder qui peuvent changer totalement d'un âge à un autre. Toute faction est attentive à saisir tous les avantages que lui offrent les circonstances ; & tout homme, en quittant un parti, trouve rarement une meilleure protection que celle du parti opposé. Caton se joignit à Pompée pour s'opposer à César, & n'eut rien tant à cœur que d'empêcher la réconciliation des deux partis, qui, en effet, ne pouvoit être qu'une réunion des chefs respectifs contre la liberté publique. Ce personnage illustre s'éleve, au milieu de son siecle, comme un pere au milieu de ses

de la Société Civile. 371

enfans; il surpassoit ses adversaires par la justesse de son esprit & l'étendue de sa pénétration, autant que par ce courage mâle & ce parfait désintéressement avec lesquels il s'efforça de déconcerter les entreprises d'une ambition vaine & puérile qui travailloit à la ruine du genre humain.

Si les constitutions libres ne sont que rarement, & même jamais l'ouvrage d'un seul homme, souvent elles doivent leur conservation à la vigilance, à l'activité, au zele des particuliers. Heureux les hommes de génie qui consacrent leurs travaux & leurs talens à ce glorieux usage; heureux aussi leurs concitoyens, quand leurs efforts ne sont pas trop tardifs. Ce genre de mérite fut réservé pour signaler la vie d'un Caton, d'un Brutus, à la veille des plus funestes catastrophes; pour nourrir dans le secret l'indignation de Thraseas & d'Helvidius; & pour être dans les temps de corruption, l'objet des méditations de l'homme contemplatif. Encore, dans ces derniers exemples, quoique cet héroïsme fût sans effet, étoit-ce un bonheur de connoître, de chérir une chose aussi précieuse pour l'humanité. Ce noble enthousiasme, même sans succès, est une des choses qui font le plus d'honneur à la nature humaine.

Fin du Tome premier.

www.ingramcontent.com/pod-product-compliance
Lightning Source LLC
Chambersburg PA
CBHW050419170426
43201CB00008B/464